EXCELÊNCIAS BANDIDAS

O IMPÉRIO DA CORRUPÇÃO NO BRASIL

CLOVES ALVES DE SOUZA

EXCELÊNCIAS BANDIDAS

O IMPÉRIO DA CORRUPÇÃO NO BRASIL

2ª edição

novo século®

São Paulo 2017

Excelências bandidas: O império da corrupção no Brasil

AQUISIÇÕES
Cleber Vasconcelos

PRODUÇAO EDITORIAL
SSegovia Editorial

PREPARAÇÃO
Bel Ribeiro

DIAGRAMAÇÃO
Abreu's System

REVISÃO
Adriana Bernardino
Tássia Carvalho

CAPA
Dimitry Uziel

Texto de acordo com as normas do Novo Acordo Ortográfico da Língua Portuguesa (1990), em vigor desde 1º de janeiro de 2009.

Dados Internacionais de Catalogação na Publicação (CIP)
Angélica Ilacqua CRB-8/7057

Souza, Cloves Alves de
Excelências bandidas : o império da corrupção no Brasil / Cloves Alves de Souza. – 2. ed. – Barueri, SP: Novo Século Editora, 2017.

1. Brasil – Política e governo 2. Corrupção na política – Brasil
I. Título

17-0973 CDD-364.1323

Índices para catálogo sistemático:
1. Corrupção na política brasileira 364.1323

NOVO SÉCULO EDITORA LTDA.
Alameda Araguaia, 2190 – Bloco A – 11º andar – Conjunto 1111
CEP 06455-000 – Alphaville Industrial, Barueri – SP – Brasil
Tel.: (11) 3699-7107 | Fax: (11) 3699-7323
www.gruponovoseculo.com.br | atendimento@novoseculo.com.br

Dedico a minha esposa Vanda Rodrigues de Araújo Souza, companheira já há quatro décadas; aos meus filhos Miriam Rodrigues de Souza, Cloves Alves de Souza Júnior e Luciana Rodrigues de Souza; aos meus netos Ana Paula Rodrigues de Souza, João Vitor de Souza Blanco e Rafaela Rodrigues de Souza Spampinato. Obrigado, sou muito feliz por fazer parte da vida de vocês!

"A necessidade não conhece leis."
Santo Agostinho

Sumário

Uma breve biografia do autor

Minas Gerais
Infância e início da adolescência – Marcas do trabalho infantil

Nascido em 20 de abril de 1960, em Governador Valadares (MG), filho de Maria Cândida e Manoel Alves de Carvalho, fruto de um relacionamento entre empregada e patrão, Cloves conheceu seu pai biológico somente aos 10 anos enquanto tomava um refrigerante em um bar de São José da Safira, quando por ele foi abordado.

Com apenas um dia de vida, Cloves foi sequestrado por uma desconhecida, mas recuperado por sua mãe na mesma data.

Depois desse acontecimento, a família materna – o tio Antônio Alves Carneiro e o avô José Alves de Souza – levou Maria Cândida e o bebê para o Sítio Ribeirão Preto, nos arredores de São José da Safira, a 70 km de Governador Valadares, onde viveu até os 7 anos.

Dos 7 aos 13 anos, o autor viveu com os familiares no Garimpo Cruzeiro. Com a morte precoce de seu tio Antônio, aos 33 anos, a família perdeu todos os bens, tendo, inclusive, que vender o imóvel em que morava por causa do golpe planejado pelo sócio de Antônio e por um primo mais velho. Sem recursos e perspectivas, Cloves foi vendedor de cigarros no garimpo. Os cigarros eram vendidos na porta de cada garimpo por unidade ou carteira, ganhava 10% do seu faturamento diário. Com o agravamento da situação financeira, a família mudou-se para o bairro Quenta Sol, uma das localidades mais miseráveis da cidade de São José da Safira.

Entre tantos tristes episódios da sua infância, um fato marcou sua memória: a ausência na formatura do curso primário por não ter condições financeiras, independentemente de ter sido o organizador e planejador de todas as etapas do evento. “Não participei da cerimônia de formatura porque não tinha roupa nem sapato. Ouvia de longe a chamada da lista dos alunos, inclusive o meu nome”, lembra com emoção.

Depois desse fato, Cloves trabalhou como ajudante de fábrica improvisada de tijolos; em fazendas da região, foi boia-fria e servente de pedreiro. O autor vivenciou um triste drama da sociedade brasileira – a realidade persistente e perversa da desigualdade social e da pobreza extrema que castiga principalmente as crianças e os adolescentes. Esses fatos contribuem para a exploração, riscos e violência por conta do ingresso precoce no mercado de trabalho em situações perigosas, insalubres e degradantes.

O autor, aos 14 anos, ainda trabalhou em locais inapropriados, como gerente de um bar no garimpo do Cruzeiro em total situação de exploração: excesso de jornada de trabalho, exposição à violência extrema, como assassinatos raramente investigados e esclarecidos, más condições de trabalho e remuneração irrisória. “O bar era o ponto de encontro e, por consequência, o local de acertos de contas. Parecia cena de filmes de bangue-bangue pela inexistência da presença policial. Como funcionário, estava sob minha responsabilidade abrir e fechar o bar. Quando havia assassinatos dentro do bar ou nas imediações, no outro dia o coveiro, Sr. José Pinto, aparecia para tirar as medidas do(s) corpo(s) para o improvisado funeral”, descreve. Após o fechamento do bar, Cloves dormia em uma espécie de porão nos fundos do bar! Permaneceu nesse trabalho por cerca de 18 meses, quando, em dezembro de 1975, decidiu se aventurar na capital paulista a convite de um primo.

São Paulo, capital
Adolescência na periferia, choque cultural e alta vulnerabilidade social

O autor chegou à capital paulista em dezembro de 1975 com um par de chinelos, duas camisas volta ao mundo, uma bermuda e sua certidão de nascimento. Decidido a quebrar o legado da miséria e da fome, tinha em mente a fibra para enfrentar o desconhecido e a certeza de vencer na vida. Morou com parentes, mas, pela extrema pobreza das periferias paulistanas, foi morar, por aproximadamente 60 dias, nas dependências do local de trabalho de seu primo, Onofre, funcionário do Pube *drive-in,* na esquina da avenida Santo Amaro com a rua Periquito. Por ajudar as garçonetes do local, lavar as bandejas e louças, recebia delas uma gorjeta que o auxiliava na condução para procurar emprego. Pela personalidade arrojada, conquistou os proprietários ao imitar o então humorista e apresentador de TV Jacinto Figueira júnior e ser craque em bilhar.

Para conseguir entrar no mercado de trabalho, Cloves precisou da emissão de documentos básicos, como cédula de identidade e carteira de trabalho. Como menor, precisou do aval de Nilson Cordeiro Primo, amigo e conterrâneo que assinou no Ministério do Trabalho como seu responsável.

Até completar a maioridade, Cloves atuou em funções operacionais de baixa remuneração. Trabalhou como ajudante geral em uma fábrica de máquinas para assar frangos por seis meses. Depois, exerceu o cargo de office-boy em uma gráfica no Itaim Bibi, onde permaneceu até a dispensa do Exército.

Habilidoso, ao sair do primeiro emprego, o autor investiu os recursos da indenização para alugar um quarto no Jardim Célia, Capão Redondo. Após se instalar no local, trouxe a família para São Paulo.

"Aluguei um quarto na periferia de São Paulo. Comprei armário, cama, fogão, mesa, panelas e duas cadeiras em uma loja de móveis usados no Jardim Ângela", relembra.

Militância sindical, movimentos sociais e populares

Em 1978, por intermédio de uma amiga, dona Angelita, ingressou como aprendiz de soldador numa tradicional fabricante de bicicletas, Bicicletas Monark S/A, localizada na Chácara Santo Antônio, zona sul da capital. Na época, conheceu os membros do Sindicato dos Metalúrgicos de São Paulo e iniciou a militância. Com apenas 19 anos, em 1979, parou as atividades da empresa com seis mil funcionários.

Demitido da empresa, foi destacado pelos integrantes do sindicato e admitido para ajudar a comandar o movimento grevista de 1979 na Zona Sul, até conseguir nova colocação como soldador. "O presidente respondeu que o sindicato não era asilo e não aceitou a proposta dos metalúrgicos, que exigia minha contratação pelo Sindicato. Então, a multidão reivindicou que minha contratação passasse por votação, e foi aprovada por unanimidade em uma assembleia com mais de 600 pessoas", o autor relata.

Dez dias após assumir as funções e iniciar os trabalhos, foi preso pela primeira vez pelo Departamento de Ordem e Política Social – DOPS.[1] Seguiram-se quatro prisões. Nestas, destaca-se a omissão de Joaquim dos Santos Andrade, mais conhecido como Joaquinzão, presidente do Sindicato dos Metalúrgicos de São Paulo.

Nesse período, conheceu nomes da política nacional, como Luís Inácio Lula da Silva, presidente do Sindicato dos Metalúrgicos de

[1] Departamento de Ordem Política e Social. Órgão de repressão aos movimentos sociais e populares. Centro de tortura durante o Estado Novo (Governo Getúlio Vargas), retomou essas práticas durante a ditadura militar (1964-1985).

São Bernardo do Campo, e o ex-secretário da Segurança Pública, Cel. Erasmo Dias, a quem, após ser solto de madrugada em uma rua da Lapa, pediu, sem sucesso, a libertação dos demais sindicalistas presos no DOPS.

Com a saída do sindicalismo, trabalhou por quase dois anos como soldador na Jurubatuba Mecânica de Precisão, até ser desligado no final de 1981, por causa da crise econômica.

Casado, com a mulher grávida da primeira filha, desempregado e aluguel a vencer, Cloves ingressou no movimento popular para moradia.[2] Tomou conhecimento de um grupo que se organizava para ocupar uma gleba de terra localizada na área da Represa do Guarapiranga, nas proximidades da Antena da TV Record. Esse terreno pertencia a Orlando Haddad Maluf, tio do então governador do Estado, Paulo Salim Maluf.

Em poucos dias, Cloves se tornou um dos líderes do movimento, e sua vida virou um verdadeiro inferno. Os amigos temiam que ele fosse assassinado pela polícia em razão de um posicionamento forte e um discurso inflexível, e em razão da cobertura diária de suas ações. Vale registrar que um jornalista da TV acompanhou a rotina dos líderes por vários dias para garantir a integridade física deles.

Com a reintegração de posse, foi proposto aos membros dos movimentos pela moradia que aceitassem sair do local e ser transferidos para uma escola no bairro do Piraporinha. Na ocasião, a liderança negociou com o então prefeito de São Paulo Reynaldo de Barros a construção de imóveis sob o regime de mutirão. A prefeitura lançou o desafio, duvidando da capacidade de execução das obras.

---

[2] O déficit habitacional cresce ainda assustadoramente no país. Relegada a segundo plano por várias gestões governamentais e com políticas públicas ineficientes, a parcela mais carente da população vive momentos dramáticos nos grandes centros urbanos.

A prefeitura cedeu uma área no jardim São Luís em outubro de 1981, e ali foram construídas 703 residências, sendo as primeiras 68 concluídas em prazo recorde de 45 dias. Nesse local nasceu a primogênita do autor, Miriam, em fevereiro de 1982, e os outros dois filhos. "Enquanto fui buscar minha esposa e o bebê no hospital, os vizinhos ficaram terminando minha casa, colocando porta e janelas de tábuas reaproveitadas da obra", relembra, emocionado. "Não tinha luz, então a emprestávamos do canteiro de obra instalado para o fornecimento do material de construção aos mutirantes."

Política

O período de 1978 a 1982 caracterizou-se pela intensidade e ações transformadoras na vida do autor. Além da militância no sindicalismo e nos movimentos sociais e populares, outro mundo abriu-se para o jovem mineiro: o ingresso na política. Com raciocínio lógico e visões futuristas, conheceu membros do extinto Movimento Democrático Brasileiro (MDB)[3] e, em 1979, participava ativamente do partido político. Desde então foi amigo e seguidor do Dr. Ulisses Guimarães, de quem se lembra com muito orgulho, pois, na sua figura, conheceu o homem mais íntegro da política brasileira, com quem conviveu até sua trágica morte em um acidente nebuloso às vésperas do impeachment de Fernando Collor de Melo.

Em 1983, ingressou no curso de formação política do Instituto para o Desenvolvimento Educacional, Artístico e Científico (Ideac USP), onde foi aluno de nomes brilhantes do mundo acadêmico nacional, como Maria Tereza Sadek, e os professores convidados André Franco

---

[3] Antigo partido político que abrigou os opositores ao regime militar e contrário à Aliança Renovadora Nacional Arena, partido da situação. Com o fim do MDB, surgiu o PMDB em 1980.

Montoro e Ulysses Guimarães. No ano seguinte, passou a frequentar o curso de liderança sindical no Centro de Estudo do Trabalho (CET) e se formou monitor.

No final dos anos 1980, assumiu a presidência do Diretório do PMDB – Zonal de Campo Limpo. Pelas reivindicações populares junto ao poder público, construiu, inicialmente, o conjunto habitacional do Jardim São Luís, com mais de 2 mil unidades. Depois, participou ativamente da implantação de outros conjuntos habitacionais na zona sul (mais de 6 mil unidades).

No governo Fleury (1991-1995), aprovou o projeto para construção do metrô Capão Redondo, Santo Amaro, cujo traçado final (ainda em obra) seguia até o entroncamento com a linha Norte-Sul, beneficiando a população carente de transporte público na região.

No setor público, exerceu os seguintes cargos:

- Assistente Técnico da Coordenadoria de Integração Regional (CIR), da Secretaria de Planejamento do Governo do Estado de São Paulo (1991-1994).
- Chefe de Secretaria Parlamentar da Câmara Municipal de São Paulo (1995-1996).
- Administrador Regional de Santo Amaro – Prefeitura de São Paulo (1996-1997).
- Assessor Técnico Legislativo da Câmara Municipal de São Paulo (1997-2001), onde chefiou os trabalhos da Relatoria da CPI da Máfia dos Fiscais. Implantou e inovou o resultado dos fatos apurados com a apresentação de Relatórios Parciais.
- Coordenou, com sucesso, vários candidatos a cargos eletivos do Executivo e do Legislativo.
- Diretor Geral da Câmara Municipal de Paulínia em 2012.

Apresentação

Este trabalho visa entender a situação política do Brasil, mergulhada na pior crise institucional de sua história, e comentar acontecimentos recentes de corrupção e escândalos. Serão aqui propostas medidas capazes de ajudar a retirar o Brasil da pior recessão desde a década de 1930; por exemplo, combatendo o ciclo vicioso de desequilíbrio das contas públicas, o que gera caos no setor financeiro, desaceleração da produção industrial e retração no comércio, na construção civil e no setor de serviços. O fantasma da inflação, que assombra a sociedade, configura-se como uma combinação nefasta que ameaça com o desemprego e galopa a números estratosféricos, invadindo todos os lares.

A classe política também passa por um processo de mudanças e questionamentos da sociedade, por decepcionar o país com sua letargia, negligência, incompetência e ausência de postura diante das diretrizes equivocadas do Poder Executivo nos últimos cinco anos. Ressalte-se aqui a oposição opaca que naufraga nessa crise.

Para agilizar e modernizar a administração pública, especialistas e estadistas repensaram medidas e normas para profissionalizar o serviço público, combater com eficácia a corrupção (fruto direto de um Estado paralisado e jurássico), reduzir os cargos comissionados, reformar a legislação (não seria chegada a hora de se reavaliar a Constituição de 1988 e propor uma nova Assembleia Constituinte?), analisar a eficácia de programas, regular e fiscalizar as instituições do governo com a proposta de rever gastos, verificar as estruturas administrativas e eliminar os privilégios em todas as instâncias.

Destacamos ainda os motivos para o problema da ineficiência dos serviços públicos e o sofrível desempenho da gestão pública. Depois dessas reformas, os governantes precisam repensar critérios de crescimento econômico e geração de riqueza. Somente após essa etapa será possível promover a inclusão social e garantir à população serviços eficientes em saúde, educação, saneamento básico e segurança. Com isso, as pessoas sentiriam tranquilidade para exercer com plenitude a cidadania.

A corrupção atingiu níveis jamais vistos no mundo, fruto da ação de governantes bandidos aliados a parlamentares e empresários da mesma espécie. Hoje, em suas delações, falam de suas falcatruas com deboche, como se fôssemos 206 milhões de brasileiros bundas-moles.

> É preciso rechaçar a cultura política do "rouba, mas faz". Ou acabamos com isso ou continuaremos no atraso eterno.

Os brasileiros precisam aprender a votar. Mais que isso, votar e fiscalizar a ação dos eleitos, para que no futuro não volte a acontecer uma crise provocada pela corrupção em excesso. Como diz o proprietário da Odebrecht, "de 2006 a 2012 a goela dos políticos do PT aumentou de jacaré para crocodilo", referindo-se ao apetite dos políticos em busca de dinheiro sujo!

1

Considerações sobre a corrupção endêmica no Brasil – suas origens e os desafios atuais

A corrupção no Brasil de 2006 a 2012

É assombroso o nível que a corrupção atingiu no Brasil de 2006 a 2012. Segundo os delatores Emílio e Marcelo Odebrecht, Hilberto Mascarenhas e outros 74 executivos da empresa, nesse período foi pago, na forma de propina, somente por essa empresa, o montante de US$ 3,3 bilhões, o que corresponde a aproximadamente R$ 10,5 bilhões.

> De 2006 a 2012, segundo os delatores da Odebrecht, foram pagas propinas no valor de US$ 3,3 bilhões (R$ 10,5 bilhões).

Foram citados pelos delatores como beneficiários de dinheiro supostamente ilegal vários ex-presidentes do Brasil: José Sarney (1985 a 1989); Fernando Collor de Melo (1990 a 1992), que sofreu processo de impeachment; Fernando Henrique Cardoso (1994 a 2002); Luiz Inácio Lula da Silva (2003 a 2010); Dilma Vana Rousseff (2010 a 2016), cujo mandato foi interrompido por um processo de impeachment em meados de 2016. Todos eles com inquéritos em andamento, embora neguem veementemente os fatos! Nesse contexto, também há citações sobre o atual presidente da República, Michel Temer. Estas permanecem suspensas, não podendo ser investigadas, pois dizem respeito a supostos fatos ocorridos antes do seu atual mandato.

Também chamam a atenção as 24 garrafas de vinho do ex-gerente da Petrobras, Pedro Barusco, que serviram de esconderijo para US$ 10 mil cada. Isso corresponde a R$ 754 mil. Somente a título de comparação: um trabalhador que ganha um salário mínimo teria que trabalhar 67 anos só para comprar essas 24 garrafas de vinho do gerente Pedro Barusco!

> Apenas para se ter uma vaga ideia do quão grave é a situação, o montante pago em propina pela Odebrecht seria suficiente para a construção de 5.180 postos de saúde, ou o mesmo número de creches.

Frise-se que o total do valor desviado para o pagamento de propina se comprovará, no final, o dobro, pois os acréscimos nos contratos têm que cobrir a corrupção, os impostos e todas as despesas dessa nefasta operação!

Com esse montante, conseguiríamos fazer tanto as creches quanto os postos de saúde, dois equipamentos indispensáveis cuja falta é sentida em boa parte das cidades.

No entanto, estamos falando de apenas uma das dezenas de empreiteiras que participaram e participam desse tipo de negócio no Brasil. Esse fato não é exclusividade do governo federal, ocorre em todo território nacional, nos Estados e, principalmente, nos municípios. Todos esses entes públicos são basicamente considerados terra de ninguém!

> No Brasil, governos federal, estaduais e municipais são basicamente considerados terra de ninguém!

Temos ainda as 25 petições do Ministro Fachin que estão sob sigilo. Segundo divulgação na imprensa no dia 19 de abril de 2017, trata-se dos recursos do Banco Nacional do Desenvolvimento Econômico e Social (BNDES) investidos em diversos países por influência do ex-presidente Lula e do ex-ministro do seu governo Antônio Palocci, este já preso em Curitiba. As cifras desses investimentos são altíssimas, sua divulgação fará os brasileiros sentirem náuseas, bem como reforçar o que sempre digo e repito: "Nunca se roubou tanto na história do mundo!".

O discurso de Lula e de seus aliados partidários dizia ser necessário taxar as grandes fortunas. Pois bem, eleito em 2003 e reeleito em 2006, elegeu sua sucessora em 2010 e 2014, tendo ela sido cassada pelo Congresso em meados de 2015; neste intervalo de tempo, 13,5 anos de governo petista, nenhum deles fez nada disso. Muito pelo contrário. Os bancos nunca lucraram tanto como nesse período.

> As empreiteiras ganharam muito dinheiro e, além disso, tiveram privilégios jamais vistos, inclusive com a compra de medidas provisórias que as beneficiaram, assim como o setor automobilístico também foi fortemente beneficiado.

Foram várias as medidas econômicas pontuais que beneficiaram exatamente as grandes fortunas, que, outrora dizia Lula e seus seguidores, era preciso taxar. Diante disso fica uma certeza: esse povo nunca foi de esquerda, muito pelo contrário; joga desde sempre com os grandes empresários deste país. O discurso de esquerda nunca passou de jogo de cena para enganar os mais desinformados, buscando deles conquistar os necessários votos para, uma vez instalados no poder, beneficiarem a si e a seus pares, ou seja, os mais ricos, grupo do qual eles hoje fazem parte como principais expoentes com suas fortunas desviadas do erário.

O desalento e a desilusão de seus correligionários os fazem desacreditar da situação fática posta, e, mesmo com toda sujeira vindo a lume, ainda assim se dizem perseguidos pelas "elites". Ora, da elite são eles! Quem do povo possui a fortuna já noticiada desses senhores? Ou será que as elites de que tanto falam são os trabalhadores desempregados?

Essa conversa mole de direita e esquerda é coisa de político para dividir o povo entre nós e eles como querem. Essa é a maneira clássica de dominação das massas. Enquanto brigamos aqui embaixo, aliás, diga-se de passagem, sem nenhuma razão plausível, lá em cima no poder eles se unem, reúnem e dividem os espaços do governo e o dinheiro dos brasileiros sem cerimônia ou piedade!

Estou deveras convicto de que no Brasil os conceitos de direita e esquerda na política são vagos, usados apenas como retórica para ganhar apoio popular e os votos dos cidadãos incautos. No poder, todos eles vendem seus espaços no chamado horário eleitoral gratuito, que de gratuito nada tem, uns aos outros, como fez agora, segundo delatores da Odebrecht, que disseram: "o PT comprou os horários eleitorais de sete partidos, dentre eles PCdoB e PP". Estou citando apenas esses dois para dimensionar e demonstrar que esquerda e direita no Brasil é balela. Senão, vejamos: o PT se diz de esquerda; o PCdoB, na verdade, é um puxadinho do PT, sempre servil, ocupando os espaços à sombra do PT. Já o PP representa aquela antiga Aliança Renovadora Nacional

(Arena) do período dos governos militares (1964 a 1985), que a seu tempo rivalizava com o Movimento Democrático Brasileiro (MDB), que abrigava as principais figuras da política nacional dos últimos 40 anos no Brasil. Essa união de PT, PCdoB e PP demonstra que não existem esquerda e direita no Brasil.

> Nos países em que partidos e lideranças são coisa séria, não existe esse tipo de negócio escuso. Esquerda é esquerda e direita é direita, não se misturam, como nessa salada de siglas que existe por essas terras brasileiras.

O único interesse dessa classe decadente da política nacional é o dinheiro público, ou seja, buscar qualquer forma possível para se apropriar dele, não importando os meios nem o caminho para acessá-lo.

Nossas outrora ricas empresas estatais sempre foram o objetivo desses senhores. Em governos passados, quando muito se falou de privatizações, todos os chamados partidos de esquerda foram fervorosamente contrários. Hoje, vê-se qual a razão dessas vigorosas defesas da manutenção daquelas empresas acopladas ao governo. Queriam engordá-las, não para servir ao povo, mas para se servirem delas, como aliás fizeram, e agora estamos vendo.

Dilapidaram a Petrobras, a Eletrobras, o Banco do Brasil, a Caixa Econômica Federal, o BNDES, os Correios e os fundos de pensão de todas essas instituições. O rombo no BNDES vai fazer os brasileiros se sentirem como bobos da corte, vendo que tudo aquilo que nos falta de infraestrutura no Brasil foi feito mundo afora com o nosso dinheiro, por ordem de nossos governantes, nos últimos 12 anos, ou seja de 2003 a 2015!

Construíram portos, aeroportos, estradas, ferrovias, hidrelétricas e muito mais, tudo financiado pelo BNDES, com juros de pai para filho, e, pior, sem a certeza do retorno dos investimentos. Claro, tudo isso regado a muita amizade e a costumeira corrupção!

Ou tomamos conta do que nos pertence, deixando de votar em bandidos, ou morreremos nas mesmas condições de miserabilidade de séculos atrás. Toda riqueza do Brasil é desviada para contas bancárias de nossos governantes e parlamentares corruptos, com a complacência de 206 milhões de brasileiros bundas-moles!

É estarrecedor ouvir de delatores que eles tinham informações privilegiadas do Ministério da Fazenda e dos demais órgãos a ele coligados.

Também obtiveram informações sigilosas da CPI que investigava o envolvimento da Odebrecht em supostos atos ilícitos. Nesse caso, o CD foi fornecido por um deputado membro da referida CPI. Assim fica difícil apurar alguma coisa, os dados sigilosos são fornecidos ao investigado Marcelo Bahia Odebrecht que, aliás, é quem paga as campanhas de centenas de políticos, como temos visto nas delações divulgadas!

A escuridão moral na política brasileira não conhece limites, é um vale-tudo, tudo por dinheiro.

Notícias recentes nos dão conta de que uma possível delação premiada dos cerca de 50 delatores da empreiteira OAS vai colocar novos personagens nesse jogo sujo da corrupção. Eles acenam, inclusive, com a possibilidade de trazer novos elementos e personagens inéditos; dentre eles, supostamente o envolvimento de membros do poder Judiciário, o que por si só é muito grave!

Os próximos capítulos da Lava Jato, como venho afirmando, serão de arrepiar a sola dos pés dos brasileiros, onde, aliás, não existem pelos!

Há a perspectiva da delação do ex-ministro Antônio Palocci e do ex-diretor da Petrobras Renato Duque, que pediu para depor de forma espontânea, declarou-se o operador do PT na estatal, forneceu uma relação de pessoas que, segundo ele, se beneficiaram do dinheiro ilegal, e apontou nomes, como o do ex-presidente Lula, dentre os beneficiários.

Duque afirma que Lula de tudo sabia, que Dilma estava preocupada com possíveis contas do declarante na Suíça, e que tais contas seriam abastecidas com dinheiro desviado dos contratos da Petrobras. Se isso tudo se confirmar, teremos um verdadeiro terremoto nessas duas delações.

Disse Renato Duque ao juiz Sérgio Moro que teve três encontros com o ex-presidente, quando lhe foi perguntado sobre assinaturas de contratos e pagamentos de propinas dos contratados da Petrobras. Ele revelou que quem cuidava das tratativas com as empresas era João Vacari, ex-tesoureiro do PT, e que quem controlava a "parte do dinheiro do ex-presidente" era o ministro Palocci. Que do valor de 1%, dois terços eram do partido, e que a divisão seria feita com José Dirceu, Lula e o PT.

Diante dessas declarações, fica cada vez mais clara a extensão do problema, e começa a se desenhar o desvendamento de toda a teia criminosa que se apossou das instituições brasileiras e tomou de assalto as riquezas da nação!

Em que pese nosso martírio econômico, bem como a vergonha que estamos sentindo em relação ao mundo, quando tudo isso acabar, daqui a dois ou três anos, nosso respeito perante o mundo será retomado, dada a capacidade de reação das instituições brasileiras que, apesar das sabotagens, continuam em perfeito funcionamento.

Os marqueteiros de Dilma, João Santana e sua mulher Mônica Moura, afirmam que a ex-presidente sabia da origem ilegal do dinheiro que servia para pagar seus serviços aqui e no exterior, e que ela, por meio de um artifício de e-mail em rascunho, cuja senha era compartilhada com membros do grupo criminoso, foi avisada dos avanços da Operação Lava Jato e que as apurações se aproximavam deles. Diante disso cabe perguntar: como Dilma sabia do andamento das investigações? Quem a avisou?[4] Esses relatos colocam a ex-presidente Dilma na linha de fogo da Operação Lava Jato, o que, associado a tudo que já veio a público, se traduz em largo caminho rumo a um processo complicado que poderá em breve levar a pesadas condenações, isso em razão do cargo e por tê-lo utilizado para a prática dos crimes noticiados. Caso tudo isso se confirme, sua condenação é possível!

[4] Quem avisava Dilma era o ministro da justiça José Eduardo Martins Cardoso. Mônica Moura e Dilma criaram um e-mail rascunho com a ajuda de Giles Azevedo, assessor de Dilma.

2

Origens

O surgimento da corrupção no Brasil

Eis o questionamento que todos fazem: como surgiu a corrupção no país e quais as medidas eficazes para combatê-la?

Problema crônico da sociedade, este é o tema da discussão seja qual for a discussão, de política à formação ética. Como sanar e erradicar esse gargalo? Resumidamente, o caminho para diminuir o problema é reduzir os cargos comissionados, reformar a legislação referente às nomeações, regular e fiscalizar todas as instituições do governo e ter um povo mais instruído.

Etimologicamente, o termo "corrupção", do latim *corruptus*, significa "ato de quebrar aos pedaços", ou seja, decompor e deteriorar algo. Entende-se também que a ação de corromper pode ser o resultado de subornar, dar dinheiro ou presentes para alguém em troca de benefícios especiais de interesse próprio. Compreendeu como a corrupção predomina em nossa sociedade?

> A corrupção enraíza-se em vários setores da sociedade brasileira e penetra na essência do povo.

Existe uma ambivalência acentuada entre as crenças e a maneira como a sociedade age e tolera práticas corruptas e privilégios. Apontamos três causas para a existência da corrupção na sociedade brasileira: histórica, política e cultural.

Em primeiro lugar, a questão histórica conta com componentes como a colonização e a escravatura, instituições sabidamente violentas e injustas. Diante disso, para sobreviver e guardar a mínima liberdade, as pessoas livres eram levadas a corromper.

O fundamento da corrupção política reside no patrimonialismo, cuja essência baseia-se na ausência de limites entre as esferas pública e privada.

> As elites do poder organizaram o Estado com estruturas e leis que serviam a seus interesses, sem pensar no bem comum.

Há um entrelaçamento entre o que é interesse público e interesse privado, havendo uso da estrutura pública para auferir ganhos pessoais e patrimoniais.

Culturalmente, podemos observar esse tipo de atitude (a ausência de limites entre as esferas pública e privada) em simples fatos do cotidiano: não idosos que estacionam em vaga destinada a idosos, pessoas que furam fila no banco sem cerimônia, compram produtos pirateados, ou motoristas que fogem da blitz da Lei Seca depois de se embriagar a noite inteira na balada, avisados por "vigilantes das blitze". É a famosa "Lei de Gérson", de levar vantagem em tudo, ou seja, a sociedade tolera a esperteza e a coloca no pedestal.

Não é nosso objetivo retomar toda a trajetória de formação do Estado brasileiro desde os tempos coloniais, no entanto, uma breve retomada pode elucidar sobre as raízes históricas desse entrelaçamento de interesses privados nas questões de Estado em nosso país.

No período colonial, três fatos permitiram a disseminação da corrupção na formação do país: a política de colonização (exploração), a distância da metrópole e a escravidão.

> A prática da corrupção passou a acontecer quando os portugueses chegaram para colonizar o país, ainda dentro das caravelas. Com a distância entre a metrópole (Portugal) e o Brasil, os portugueses tiveram de ser permissivos com os nobres que vieram estruturar as instituições, além de conceder vantagens para os que decidiram se estabelecer na Colônia, incluindo-se aí os degredados e exilados pela Inquisição. Esse foi um primeiro passo para o nascimento da corrupção em terras nacionais.

A escravidão também contribuiu para o desenvolvimento da corrupção no país, porque era a única forma de exploração de trabalho existente, sendo o trabalho livre pouquíssimo regulado. Traduzindo, as pessoas livres subornavam, conseguiam favores mediante trocas, por peculato (favorecimento ilícito com dinheiro público) e nepotismo.

No Brasil Império, destacamos as relações entre o Estado e a obtenção de contratos para a realização de obras públicas. Outro ponto a ser destacado no período é a participação dos eleitores no processo de escolha dos representantes.

Uma vez que a regra era o voto masculino e censitário, havia um sistema que permitia o alistamento de eleitores de acordo com a análise feita por uma comissão, ou seja, não havia um critério público que assegurasse direitos de participação política a qualquer pessoa, mas apenas àquelas que se enquadrassem nos requisitos estabelecidos por essa comissão eleitoral.

> Já no período da República Velha (1889-1930), quem nunca ouviu falar no famoso "voto de cabresto"? Ou na compra de votos?

É assunto que aprendemos já na escola ainda crianças. Para exemplificar, relembramos a disputa pela presidência da República entre Getúlio Vargas e Júlio Prestes em 1929. Apesar de o segundo ser o mais votado, foi Getúlio quem levou, ainda que sob a suspeita de ter maculado o processo eleitoral.

Durante as campanhas eleitorais de 1950, um caso tornou-se famoso e até hoje faz parte do anedotário da política nacional: a "caixinha do Adhemar". Adhemar de Barros, político paulista, era conhecido como "um fazedor de obras". Seu lema era "Rouba, mas faz"!

A "caixinha" era uma forma de arrecadação de dinheiro e de troca de favores. A transação era feita entre bicheiros, fornecedores, empresários e empreiteiros que desejavam algum benefício do político. Essa prática permitiu tanto o enriquecimento pessoal que, para se ter uma ideia, Adhemar de Barros costumava guardar em casa, para gastos pessoais, US$ 2,4 milhões, graças a uma nova maneira de angariar recursos para suas campanhas políticas.

Durante o período militar, iniciado com o golpe de 1964, o caso Capemi nos mostra as espúrias relações dentro de empresas estatais com o uso de recursos de uma entidade sem fins lucrativos de amparo à velhice e à infância para transferência do dinheiro ao então ministro chefe do Serviço Nacional de Informação – SNI, general Otávio

Medeiros, como subterfúgio para colocar o grupo Capemi no processo licitatório para desmatamento da área submersa de Tucuruí.

Outro caso memorável foi o da Coroa Brastel, cujo proprietário, Assis Paim, para agradar e estreitar relações com o governo, concedeu um empréstimo de 180 milhões de Cruzeiros para a Corretora de Valores Laureano, que, um ano depois, não havia conseguido saldar a dívida, o que levou à sua compra por Paim com a ajuda do governo. O episódio envolveu os ministros da Fazenda e do Banco Central da época, além do então chefe do SNI, Golbery do Couto e Silva, cujo filho era amigo do dono da citada corretora.

Por fim, nos primeiros anos da redemocratização, não podemos deixar de lembrar o processo de impeachment do ex-presidente Fernando Collor, cuja eleição e seu financiamento, revelado posteriormente, foram pautados na organização de um esquema estruturado de captação de dinheiro, vinculação e loteamento de cargos federais.

> Em 2016 houve outro impeachment, dessa vez da presidente Dilma Vana Rousseff, cuja eleição da chapa de Dilma e Michel Temer, agora se sabe, foi financiada em grande parte com dinheiro de corrupção e caixa dois.

Em suas delações, os 77 executivos da empresa Odebrecht, incluindo seu presidente, Marcelo, e o dono do grupo, Emílio Odebrecht, declaram os detalhes desse financiamento, bem como sobre outros casos sob investigação, inclusive o sítio de Atibaia, dizendo que a propriedade sempre foi conhecida pela empresa como de propriedade de Lula!

Detalham também a história das palestras de Lula, bem como sua "ajuda" já no governo Dilma para conseguir os "empréstimos" milionários junto ao BNDES para a execução de obras em diversos países.

Questionados sobre a viabilidade dos empréstimos, Emílio foi enfático: "em condições normais, não seria feito"!

A corrupção através do tempo

Período Colonial (1500 – 1822)	Política de Colonização: exploração e escravidão.
Brasil Império (1822 – 1889)	Relações entre o Estado e a obtenção de contratos para obras públicas e a participação de eleitores no processo de escolha dos representantes.
República Velha (1889 – 1930)	Voto de cabresto e compra de votos.
Campanhas eleitorais de 1950	"Caixinha do Adhemar" – "Rouba, mas faz!"
Período Militar (1964 – 1985)	Casos Capemi e Coroa Brastel.
Primeiros anos da redemocratização (1985)	Processo de impeachment de Collor, financiamento da campanha pautado na organização de um esquema estruturado de captação de dinheiro, vinculação e loteamento de cargos federais.
Anos 2000	Impeachment de Dilma, cuja eleição da chapa (Dilma e Michel Temer) foi financiada em grande parte com dinheiro de corrupção e caixa dois.

3

Desafios atuais

para barrar as portas da corrupção

3.1. O inchaço da máquina pública

Números alarmantes de gastos, serviços ineficientes e excesso de funcionários em todos os níveis de governo. Essa situação permeia o governo federal, os Estados e os 5.570 municípios brasileiros.

Para acelerar e modernizar a administração pública é preciso combater com eficácia a corrupção (fruto direto de um Estado paralisado e jurássico), reduzir os cargos comissionados, reformar a legislação (será que não chegou a hora de se repensar a Constituição de 1988 e propor uma nova Assembleia Constituinte?), regular e fiscalizar as instituições do governo.

Destacamos os motivos para o problema da ineficiência dos serviços públicos e o sofrível desempenho da gestão pública:

- Inchaço e dimensão desproporcional da máquina pública – só em âmbito federal, o Brasil possui 22.700 pessoas em cargos de livre provimento, cujo preenchimento não depende de concurso público.
- Nos governos estaduais a proporção é ainda maior. São 115 mil cargos de livre provimento, distribuídos nos 27 Estados e no

Distrito Federal, para serem utilizados pelos governadores para atender às indicações de seus aliados.

- No âmbito municipal há mais de 500 mil cargos de livre provimento para atender às indicações dos aliados dos prefeitos.
- Todo esse aparato de pessoas sobrepõe-se aos funcionários públicos, aqueles efetivos da máquina pública que, mediante concurso público, tiveram acesso ao cargo.
- Há um enorme disparate nos valores dos salários do funcionalismo público, e a maior diferença se dá exatamente nos cargos de livre provimento, aos quais é possível atribuir uma série de vantagens sem nenhum controle.
- A burocracia e a ineficiência são marcas registradas da máquina pública, de qualidade insatisfatória no atendimento aos munícipes.
- Cargos em comissão como moeda de troca entre interesses políticos: além de ser uma das fontes que alimentam a corrupção, têm patrocinado o atraso no Brasil há séculos.

3.2. Funcionalismo público

Há um excesso de funcionários públicos empregados nos três poderes da República.

De 2011 a 2015, o aumento dos gastos com a folha de pagamento do funcionalismo público dos três poderes girou em torno de 40%, mais exatamente 39,2%, da receita, segundo fontes do Ministério do Planejamento.[5]

[5] Disponível em: <www.planejamento. gov.br/dadosabertos>. Acesso em: 17 maio 2017.

Mesmo em crise desde 2015, com um cenário político caótico, cortes no orçamento e a proposta de limitar o crescimento do gasto público, o governo propôs ao Congresso Nacional reajustes salariais para mais de 40 categorias do funcionalismo, cujo impacto total chegará a R$ 32,2 bilhões em 2019.

Esses aumentos estão em seis projetos de lei encaminhados pela presidente afastada Dilma Rousseff no final de dezembro de 2016.

Só nesse ano, os reajustes custaram **R$ 4,2 bilhões**. O valor já está incorporado ao orçamento. Em 2017, a fatura passa para **R$ 19,8 bilhões**, e, no ano seguinte, chegará a **R$ 26,1 bilhões**. Ao fim de 2019, o custo com o reajuste será de **R$ 32,2 bilhões**.

De acordo com o Ministério do Planejamento, o governo federal – nos três poderes – tinha até novembro de 2015 2.195.154 pessoas em sua folha. Desse total, 55,3% estão trabalhando; 26% são aposentadas; e 18,7%, pensionistas. O total da folha de pagamento em 2015 foi de R$ 255,3 bilhões, dos quais R$ 151,7 bilhões de salários para funcionários da ativa, R$ 66,2 bilhões para aposentados e R$ 37,3 bilhões para pensionistas. No ano passado, cerca de 90% dos servidores do Executivo chegaram a um acordo de reajuste salarial com o governo. A maioria preferiu assinar acordos com vigência de dois anos e reajuste de 10,8% em duas parcelas. As carreiras de Estado optaram por acordos de quatro anos, com reajuste de 27,9%.

Para os acordos firmados em 2015, os impactos foram de R$ 4,23 bilhões em 2016; e serão de R$ 19,230 bilhões em 2017, R$ 17,910 bilhões em 2018 e R$ 23,480 bilhões em 2019.

Como proporção do Produto Interno Bruto (PIB), as despesas com a folha alcançaram no ano passado (2016) 5,3%, um ponto porcentual acima do verificado nos três anos anteriores. O maior nível desde 1995. No último ano do governo de Fernando Henrique Cardoso, as despesas com o funcionalismo representavam 5% do PIB.[6]

No fim dos oito anos de governo Luiz Inácio Lula da Silva, em 2010, o percentual foi de 4,7%, mas caiu no primeiro ano de Dilma para 4,5%, e depois estacionou em 4,3% nos três anos seguintes.

Os gastos dos governos federal, estaduais e municipais com o funcionalismo público somam 12% do PIB. Isso coincide com a média da Organização de Cooperação e Desenvolvimento Econômico (OCDE), de acordo com um relatório[7] sobre o Brasil. Nessa conta não está incluído o projeto do Poder Judiciário, em discussão no Congresso Nacional, que prevê um aumento de 42% nos salários dos funcionários.

Equação perversa acende o alerta: gastos equivalentes aos das nações mais ricas, serviço público de qualidade insatisfatória e menos funcionários públicos em áreas específicas, como saúde e educação.

Outro ponto a ser destacado sobre esses números absurdos, mas não a única causa, é o sistema de aposentadorias que ainda podem ser recebidas com o último salário integral, sobretudo no funcionalismo público. Essa conjuntura difere completamente da iniciativa privada, cuja regra do teto salarial estabelecida hoje pelo Instituto Nacional de Seguro Social (INSS), situada em torno de R$ 5.200,00, é um valor quase inatingível aos trabalhadores da iniciativa privada.

---

6 Disponível em: <www.planejamento. gov.br/dadosabertos>. Acesso em: 17 maio 2017.

7 Idem acima.

> A estrutura de salários do setor público fundamenta-se em bases irracionais, definidas por diferenças injustificáveis. Ela atende a pressões políticas, não à importância do serviço, à qualidade ou ao nível de instrução e conhecimento técnico do funcionário.

Na esfera federal, o salário inicial de um motorista ou uma secretária do Instituto de Pesquisa Econômica Aplicada (Ipea) – R$ 4.930,00 – é superior ao de algumas vagas de professor com doutorado no magistério – R$ 4.649,00. Como explicar esse disparate? Simples: é fruto do desgoverno e da falta de gerenciamento da máquina pública. E, ressalte-se, o maior problema do Brasil, depois da corrupção, é de cunho gerencial. Aqui, qualquer um é eleito para prefeito, governador e presidente da República; não se exige o mínimo de comprovação de escolaridade e/ou de aptidão para o cargo, requisitos necessários ao exercício de qualquer função pública. Esse é um princípio democrático que garante a todos o direito de participar; porém, é necessário apresentar as condições necessárias à ocupação do pretendido cargo. Podemos imaginar, por exemplo, se em uma empresa privada seu comando é entregue a uma pessoa despreparada. Não pode ser diferente com a coisa pública!

3.3. Cargos de confiança

O excesso de cargos de confiança funciona como barganha, espécie de moeda de troca do Executivo para a obtenção de apoio parlamentar para aprovação de projetos ou das contas públicas. Essa disponibilidade abre brechas para pressão política e gera o fio condutor para a corrupção e a ineficiência.

O resultado é uma máquina pública inchada e pessoas de sobra ocupando por indicação cargos no serviço público, muitas vezes sem a qualificação técnica e profissional necessária às funções a serem desempenhadas.

No caso dos últimos governos, além de aceitar as indicações políticas, os técnicos concursados em suas funções foram substituídos pelos indicados, e o resultado não poderia ser outro, ou seja, o desastre total da administração.

Esse tipo de cargo, chamado "em comissão" ou simplesmente "comissionado", foi criado nos anos 1960 para dar flexibilidade à contratação. Com ele, o governo pôde suprir áreas com falta de concursados. Mas a falta de critérios abriu caminho para um número gigantesco de nomeações, muito acima do que recomendam as boas práticas de administração pública. Além disso, o intuito de criar essa modalidade de funcionários era suprir cargos técnicos em falta no governo; hoje, por ironia do destino, os técnicos do governo são substituídos pelos comissionados.

Só no nível federal o Brasil tem 22.700 pessoas ganhando salário segundo a escolha do presidente e seus aliados.

Nos governos estaduais a proporção também é grande. São 115 mil indicados pelos governadores e seus aliados. Desse total, somente o Estado de São Paulo tem 20 mil cargos de livre provimento, enquanto o governo dos Estados Unidos, por exemplo, possui cerca de 8 mil.

O problema se aprofunda com mais seriedade no âmbito municipal, com mais de 500 mil indicações.[8]

Cargos em comissão no Brasil

Nível	Total
Federal	22.700
Estadual	115.000
Municipal	500.000

O excesso de cargos em comissão pavimenta o caminho tortuoso para a corrupção, já que funcionam como moeda de troca entre presidente, governadores, prefeitos e parlamentares. Nesse universo de troca-troca, as relações republicanas não existem; o que existe de fato é o nepotismo cruzado, quer dizer, fulano contrata alguém por indicação de outrem, que, por sua vez, retribui com a contratação do parente do outro, e assim a lei para abolir o nepotismo é facilmente burlada. Os governos caminham na contramão da redução desses cargos. Desde 2003, os cargos comissionados cresceram 23% na esfera federal, acima do aumento do total de contratados. Nos Estados, aumentaram cerca de 10%, só de 2012 para 2013, únicos anos com dados organizados.

3.4. Comparação do número total de funcionários públicos em relação à população total do Brasil e à força efetiva de trabalho

Os números do funcionalismo no Brasil, considerando-se todas as esferas de poder – União, Estados e Municípios –, chegam a impressionantes 15 milhões de empregados (servidores públicos) nos diversos

[8] Disponível em: <www.ipea.gov.br>. Acesso em: 17 maio 2017.

níveis de governo. Isso não é admissível para um país em crise econômica histórica, hoje em frangalhos devido a medidas de administração equivocadas por longos 13 anos.

> Aqui, faço uma pergunta ao leitor: Com uma população de 206 milhões de habitantes, é razoável que a máquina governamental possua um funcionário público para cada 13,6 habitantes?

Vejamos outra situação. Se dividirmos esses 15 milhões de funcionários públicos pelo número de trabalhadores empregados na iniciativa privada chegamos à seguinte equação: considerando-se uma força de trabalho da ordem de 92.900 trabalhadores da iniciativa privada, entre os quais havia uma taxa de desemprego da ordem de 6,9% em 2014, existia naquele ano um funcionário público para cada 6,20 trabalhadores da iniciativa privada, isto se considerando todos os 92,9 mil empregados. Hoje a situação piorou, pois, desse total, temos 13,5 milhões desempregados.[9]

Pelos exemplos expostos, o leitor pode entender de maneira clara a realidade da ineficiência estrutural na administração pública – neste caso, da Previdência Social – e a diferença entre as condições da aposentadoria nos setores público e privado. São privilégios que precisam ser revistos para que o país consiga controlar seus gastos e pôr em prática o ajuste fiscal.

---

[9] www.ibge.gov.br – Dados do IBGE de 2017 em números absolutos; o percentual é cálculo do autor.

Diante disso, é forçoso reconhecer que não é possível que um trabalhador da iniciativa privada, com salário que nem de longe se assemelha ao dos funcionários públicos, além de manter os aposentados do sistema, possa também manter a aposentadoria de 6,20 funcionários públicos. É lógico que isso quebra o sistema da previdência, como de fato ocorreu!

4

O cenário atual

Após essas breves considerações sobre as origens da corrupção no Brasil, apresentamos agora nossa proposta.

Espera-se o surgimento de uma liderança política com características de estadista e propostas viáveis para que a retomada do crescimento econômico passe a gerar empregos, renda, crédito e uma inclusão social consciente. É preciso ter a coragem de implantar reformas estruturais nas áreas política, tributária e da Previdência, criar mecanismos para capacitar a produtividade e devolver a confiança e a estabilidade ao país.

Também é preciso reunificar o país e acabar com o discurso vazio de esquerda e direita. Tudo isso tem como fonte de inspiração a divisão dos brasileiros, para que, divididos, "eles" possam nos controlar melhor.

Nosso sistema político está falido.

Não é possível conviver com um sistema que traz em seu núcleo a corrupção como forma de governo. Senão, vejamos: são 35 partidos políticos, todos ávidos por participar da máquina pública, não como voluntários, mas, sim, muito bem remunerados para funções que seriam dispensáveis em qualquer organização privada, funções desnecessárias criadas apenas para acomodar aquelas agremiações políticas como forma de garantia de sustentação política nas casas legislativas.

Entendo ser impossível governar com essa massa de partidos, ninguém patriótico, como nos tem sido revelado na operação Lava Jato e outras. Todos levaram seu quinhão em espécie. Além disso, é inacreditável que ainda mantenham espaços na máquina administrativa.

> Vendem seus tempos de rádio e televisão como se fossem uma eficaz moeda em circulação, tudo isso à custa dos nossos impostos. Se o caixa está baixo, logo vem mais aumento de tributos, numa sanha desenfreada cujos objetivos escusos podemos entender somente agora.

Em função disso, nossa carga tributária é cada vez maior. Criam-se cada vez mais impostos para sustentar uma máquina inchada de pessoas políticas, cujas funções inventadas para acomodar milhares de militantes desses 35 partidos políticos são, em sua esmagadora maioria, completamente desnecessárias às atividades de Estado e/ou uma sobreposição às já existentes!

4.1. O Mensalão e o Petrolão do PT

A esse respeito faremos uma análise mais aprofundada do suposto envolvimento de autoridades nesses escândalos que abalaram as estruturas do Brasil. Nesse particular, pedimos vênia, em razão da velocidade dos acontecimentos, pois estamos tratando de um assunto ainda em desenvolvimento. A Operação Lava Jato, comandada pelo Juiz Sérgio Moro, titular da 13ª Vara da Justiça Federal do Paraná, que concentra as investigações do Petrolão em primeira instância, revela novidades a cada dia. As críticas porventura lançadas referem-se aos envolvidos na série de denúncias relatadas pela imprensa, bem como nas delações premiadas e nas mais de 100 sentenças condenatórias já publicadas pelo Juiz Moro.

Diante dos escândalos da Petrobras durante os governos petistas, apontados por funcionários da estatal, envolvendo relatórios, números e a indução equivocada à superestimação dos projetos, a população ficou decepcionada com a destruição de sua maior estatal, símbolo da nação por décadas.

Mesmo negligenciados e até ameaçados, esses funcionários são igualmente vítimas, como toda a sociedade brasileira, com exceção dos participantes desta monumental gangue de criminosos formada nas altas cúpulas do Executivo e do Legislativo para viabilizar indicações de pessoas com a incumbência de dilapidar o patrimônio da estatal, o enriquecimento ilícito de políticos, empresas e pessoas ligadas aos autores deste que, sem dúvida, será o escândalo de corrupção lembrado por milênios no mundo.

> A conta desta irresponsável ação (o Petrolão) ficou, como sempre, para os trabalhadores e a população mais pobre deste país, que sofre com o desemprego e a violência galopante em razão da desordem social criada pelos corruptos e corruptores.

No episódio do Mensalão, vislumbra-se no horizonte muito nitidamente quem foram seus mentores intelectuais, bem como visíveis os beneficiários diretos e indiretos de toda a roubalheira ocorrida nesse triste episódio da vida pública no Brasil, devidamente apurado na Ação Penal n. 470. Portanto, quanto a esse processo julgado, não paira a menor dúvida sobre sua autoria delituosa, embora partícipes de grande relevância não tenham ainda sido processados; mesmo indiscutíveis, ainda não ocuparam a cadeira dos réus.

Faltou, no processo do Mensalão, a punição exemplar aos envolvidos, mas não por culpa do Relator da referida ação penal, o ministro Joaquim Barbosa. Ele, com seu profundo conhecimento jurídico, expôs os fatos de maneira límpida em seu relatório. Proferiu seu voto de forma magnífica.

No entanto, em determinados momentos do desenrolar do julgamento, pareceu que as defesas dos acusados tinham mais defensores naquela corte além de seus advogados constituídos. *Data máxima vênia*. Por essa razão, lamentavelmente, a condenação não foi exemplar, o que deixou transparecer um "liberou geral". Decorre daí o encorajamento para a prática do escárnio do Petrolão que, àquela altura, já estava em franco desenvolvimento. Nesse caso, é necessário descer, ou subir, às minúcias. É preciso, portanto, processar e julgar os chefes de toda essa roubalheira que destruiu toda a base econômica e social do Brasil. Responsabilizar cível e criminalmente os partidos políticos envolvidos, seus dirigentes e todos aqueles que se beneficiaram do dinheiro ilegal, cobrando de seus patrimônios pessoais a devolução ao erário!

A situação atual do país, mergulhado no caos, é de responsabilidade da presidente afastada Dilma Rousseff, do ex-presidente Lula e do PT. Por partes: a presidente, por incompetência, arrogância, despreparo para lidar com interlocutores e eficiência em destruir a economia brasileira em tempo recorde. O egocentrismo de Lula fez com que se acreditasse ser ele o Grande Líder populista, e, por esse motivo, desafiou a nação. Em seu governo, ao que demonstram as investigações, um grupo passou a meter a mão no dinheiro público – na máquina, nas estatais e nos fundos de pensão –, com todas as credenciais para se perpetuar no poder, fundamentado em uma ideologia manipuladora para justificar atitudes escandalosas do ponto de vista ético.

Cabe frisar que, até este momento, pesam suspeitas de prática ilícita sobre boa parte dos deputados, senadores e ex-senadores, ministros e ex-ministros. Porém, o PT, partido que governou o Brasil nos últimos 13 anos, não teve coragem de resgatar suas origens, preferindo propagar um olhar míope ao repetir a ladainha rotineira de que todas as denúncias contra os acusados são orquestradas pelas elites dominantes, e ainda permanecem com a falácia do golpe. Dessa forma, faz-se importante isolar o núcleo político que se beneficiou com os petistas no poder.

Conclui-se, sem maiores esforços, que quem se enriqueceu e a seus familiares em curto período e de maneira supostamente ilícita, com base em palestras sob fortes suspeitas de inexistência e outros benefícios ou superfaturamento de obras, comissões ilegais em contratos e venda de medidas provisórias, recebimentos de vantagens indevidas, conforme afirmam os delatores da Lava Jato, com o recebimento de vários milhões de reais, não faz parte da camada menos favorecida da sociedade. Os desmandos na política econômica dos últimos cinco anos do governo do PT (2010 a 2015) destruíram toda a base econômica do Brasil. Agora, em uma pífia tentativa desesperada de reescrever a história, jogam com argumentos falsos, como as perdas de conquistas sociais.

Sofrem com o caos da crise a sociedade e os eleitores ingênuos que, durante anos, acreditaram no discurso da luta de classes e dos preconceitos da classe dominante. A única luta que realmente existe em nosso país é a dos trabalhadores reais, esses guerreiros que levantam cedo todos os dias e têm de encarar a precariedade dos serviços de saúde, educação, segurança e mobilidade. O resto é balela e jogo de palavras ilusórias.

A instabilidade na economia e no cenário político acelera rapidamente o processo de decomposição do tecido social no Brasil, fragilizando a democracia. O país precisa repensar rapidamente saídas para o crescimento e a recuperação da confiança.

> A inclusão social e o respeito às pessoas devem ser a bandeira para uma nação pujante. Temos de criar programas realistas para as crianças, incentivar o destino dos adolescentes, dar esperança ao jovem para se lançar ao futuro, orientar os adultos para vivenciar a cidadania com plenitude e respeitar a experiência de vida e a sabedoria acumulada dos idosos.

Combater com rigor as mazelas da ineficiência da gestão pública e os entraves da corrupção que alimentam a farra dos recursos desviados na quase totalidade da máquina pública. Extinguir o fisiologismo da administração pública e do ambiente político, ou seja, a conduta ou a prática que vise à satisfação total de interesses ou vantagens pessoais ou partidários em detrimento do bem comum.

Mas a realidade avança para um cenário devastador de pouco-caso diante do sofrimento da população pela carência de serviços essenciais. Nos noticiários, diariamente são mostrados de forma estarrecedora exemplos de pessoas sofrendo por falta de leitos hospitalares (até em maternidades), medicamentos e tratamento de doenças, como diabete, hipertensão e câncer, além do descaso em relação aos idosos.

A situação se padroniza em todo o país, com seus 5.570 municípios carentes de serviços públicos essenciais, como hospitais, creches e escolas. Já a representação política se faz presente sempre: um prefeito e seu vibrante secretariado, a Câmara de Vereadores com no mínimo nove representantes, e dezenas de assessores, apesar de a arrecadação do município não cobrir a folha de pagamento desse funcionalismo público. Na esfera federal, o Brasil tem 23 Ministérios, mesmo com a reforma do governo de Michel Temer.

Alheio à barbárie social provocada pela descomunal crise social e política, o governo assistiu por anos a fio, impotente e de maneira asséptica, à queda da inserção social de milhões de pessoas em razão do desemprego, um pesadelo que leva ao completo desespero inúmeros e inúmeras chefes de família. A resposta evidente a essa questão é o distúrbio social; a violência é o elemento mais atuante, que afeta todas as camadas sociais.

A outra ponta da crise é o gasto irresponsável do orçamento público, que leva a uma dívida de dimensões incomparáveis e à dilapidação de estatais e órgãos públicos. Especialistas temem que esse grupo político tenha provocado uma catástrofe pelo esquema de corrupção endêmica em outros órgãos públicos federais, tal como ocorreu na Petrobras. Nessa lista encontram-se o Banco do Brasil, o BNDES, do qual já se sabe que os gastos com financiamentos feitos a outras nações a pedido da Odebrecht e com a interveniência do ex-presidente Lula foram monumentais, conforme delações feitas pelos executivos da empresa, dentre outras instituições.

Com isso, nossos governantes exportaram nosso dinheiro e um modelo de corrupção inédito no mundo!

As consequências dos desmandos cometidos pelas administrações petistas perpetuarão por décadas. Pedaladas nas contas públicas, destruição do patrimônio nacional – Petrobras –, entre outros casos evidenciam a falta de gestão pública.

> Com uma das mais altas cargas tributárias do mundo, sabemos que a arrecadação, que deveria ser aplicada em infraestrutura e revertida em saúde, educação, cultura, segurança e saneamento básico, some nos ralos da ineficiência e da corrupção.

No entanto, esse plano sórdido, orquestrado enquanto a nação dormia em berço esplêndido, permitia às excelências bandidas sua melhor performance, na escuridão moral de suas consciências, com delegação velada dos eleitores.

Com a crise provocada por esses atos, retrocedemos algumas décadas, com previsão de recuperação total em 20 ou 30 anos. Se houver um planejamento sério por parte de uma equipe econômica, técnicos competentes, governos eficientes em gestão pública e comprometidos com a ética, será possível recuperar as conquistas sociais existentes até o início de 2003. A geração que hoje tem entre 40 e 50 anos dificilmente verá a redenção econômica do Brasil ainda em condições de proveito do conforto que isso poderia lhes dar.

> Confirmadas todas as delações premiadas homologadas na Operação Lava Jato, além de outras que ainda estão em fase embrionária, podemos afirmar que estamos diante de um verdadeiro império da corrupção no Brasil. Comandado por políticos, empresários e diversos outros, tais como doleiros, operadores financeiros de diversos calibres!

A operação Lava Jato, em linhas gerais, busca investigar atos de corrupção e outros ilícitos na formalização de contratos entre a Petrobras e fornecedores. Mas a profundidade das investigações levou à constatação de que alguns operadores construíram a engrenagem da máquina de corrupção com um cartel formado por algumas grandes empreiteiras que garantiam seus contratos a preços elevados, superfaturando o fornecimento de produtos e serviços com o objetivo de abastecer o esquema de corrupção para membros do cenário político e financiar campanhas eleitorais de partidos políticos com dinheiro de propina disfarçado de doações legais.

Entre dezenas de presos, mais de 100 já foram condenados em primeira instância: funcionários de empreiteiras, lobistas, ex-deputados, ex-gerentes e ex-diretores da Petrobras e dirigentes partidários. Nesse universo, são feitas várias delações premiadas em que, para obter redução da pena, o réu confessa sua participação no crime, devolve valores aos cofres públicos e colabora com as investigações, indicando outros participantes e apresentando as provas; estes, portanto, são réus confessos. Em decorrência da sua delação, nomeia os envolvidos, aqueles que em sua companhia desenvolveram a ação delituosa em desfavor do erário.

Implicados nas delações estão ministros de Estado, ex-ministros, dezenas de deputados em pleno exercício de seus mandatos, além de diversos senadores, chegando até o presente momento a um pouco mais de um terço do Senado, também em exercício de mandato, dentre eles ex-presidentes, bem como os atuais presidentes das duas casas, Câmara e do Senado. É evidente que todos, em princípio, repudiam com veemência as declarações dos delatores, até porque não poderia ser diferente, pois, ao aceitá-las, estariam em situação de confissão de suas culpas. O Petrolão do PT, atualmente investigado pela Operação Lava Jato, é o maior escândalo de desvio de dinheiro da história nacional. Esse escândalo, ao que tudo indica, guarda estreita relação com o Mensalão, também do PT, este já julgado pelo Supremo Tribunal Federal (STF) com diversas condenações, que incluem de banqueiros a membros do alto comando do PT, além de um ex-ministro e deputados. De fato, o esquema do Petrolão é parte do esquema do Mensalão; tanto os objetivos como o *modus operandi* são idênticos.

Outros escândalos, em menores proporções, também repercutiram na opinião pública nacional, como o Mensalão do PSDB mineiro, cujo ex--governador, Marcelo Azeredo, supostamente envolvido nesse episódio, recebeu a pesada condenação, em primeira instância, de 20 anos de prisão decidida pela Justiça Mineira. Quem atua novamente nesse caso é Marcos Valério, o mesmo operador do Mensalão petista no governo federal.

Com o avanço das investigações, temos a certeza de que os saqueadores não deixaram pedra sobre pedra, roubaram tudo o que estava a seu alcance.

> Nos dias atuais, temos notícia de que a Suíça bloqueou contas de mais de mil brasileiros cujos valores superam US$ 3 bilhões; enquanto isso, 100 milhões de brasileiros não têm coleta de esgoto, o primeiro elemento de um saneamento básico.

Nas grandes, médias e pequenas cidades, boa parte do esgoto não é coletada, e, quando coletada, a grande maioria sequer é tratada; os emissários a despejam diretamente nos riachos e rios que circundam nossas cidades. Por conta disso, a população tem cada vez menos saúde, embora se saiba, há mais de trinta anos, que a cada dólar investido em saneamento básico são economizados US$ 4 em tratamento de doenças.

Enquanto isso, assistimos ao deboche dos delatores ao contar suas peripécias criminosas. Parecem rir de nós. Vendo a situação dos brasileiros, parece um pesadelo ver e ouvir tudo aquilo, como se fossem os fatos criminosos narrados por eles coisas normais em uma sociedade. Até pode ser, porém, em uma sociedade criminosa como a que eles montaram, envolvendo empresas, o governo brasileiro, nossos parlamentares e os dirigentes das estatais por eles indicados.

Como o Mensalão mineiro aconteceu antes dos escândalos federais, imaginamos ter havido uma espécie de transferência de tecnologia do crime. Quando da descoberta do Mensalão mineiro, Sr. Marcelo Azeredo era senador, mas renunciou ao mandato para que seu processo voltasse à primeira instância, logo após a condenação da turma do Mensalão do PT pelo STF. Membros da classe política acreditavam que o foro privilegiado lhes garantiria o direito de estar acima da lei.

> Com a condenação dos mensaleiros do governo Lula, esse paradigma se rompeu e acendeu a luz vermelha para a camarilha que se instala em cargos públicos para roubar o erário.

Há também denúncia de cartel na reforma dos trens da Companhia Paulista de Trens Metropolitanos (CPTM) e do Metrô, no governo do PSBD em São Paulo. Nesse episódio, segundo a denúncia, diversas empresas se associaram em cartel para combinar os preços por lotes de reforma dos trens. Nesse caso as investigações ainda prosseguem. Diz a denúncia que, por meio de acordos fraudulentos, os denunciados pretendiam estabelecer e direcionar consórcios e concorrentes individuais em vencedor/perdedor, formulando propostas pró-forma (*bid-rigging*). Buscavam dividir o objeto do contrato e, portanto, o mercado e o preço final superfaturado, assim direcionando a licitação. Esse caso está sob investigação do Ministério Público (MP) do Estado de São Paulo, inclusive com alguns acordos de leniência já formulados por empresas envolvidas nas denúncias de formação de cartel.[10]

Segundo a Polícia Federal (PF), o cartel era um jogo de cartas marcadas. As empresas não só superfaturavam em até 30% o preço das obras e dos trens, como combinavam qual delas faria a proposta vencedora de determinada licitação. Pelo acordo, quem vencia a licitação subcontratava as perdedoras. Para o esquema funcionar, as empresas pagavam propina a servidores públicos. De acordo com a PF, lobistas intermediavam os pagamentos.

Lembramos o assombroso e inacreditável escândalo das medidas provisórias de desoneração fiscal do setor automobilístico e da Odebrecht no Governo Lula, que, sem nenhuma análise do impacto econômico, foram editadas e levadas a efeito como se fossem um favor de amigo. O problema desse favor é o dinheiro público que foi distribuído sem controle aos grandes empresários deste país. Aliás, nunca antes na história do Brasil os grandes empresários ganharam tanto dinheiro. Que o digam os banqueiros!

[10] O acordo de leniência evita que a empresa seja declarada inidônea e, portanto, proibida de contratar com entes públicos, porém, não suprime o crime praticado e as investigações correm na esfera criminal.

Agora, com base nas delações da Odebrecht, sabemos que uma das medidas provisórias[11] custou R$ 50 milhões em 2009, cujo valor foi pago em 2014 na campanha petista à Presidência da República.

Na operação Zelotes, a PF investiga um dos maiores esquemas de sonegação fiscal do país. Suspeita-se da atuação de verdadeiras quadrilhas junto ao Conselho Administrativo de Recursos Fiscais – Carf, órgão ligado ao Ministério da Fazenda, revertendo ou anulando multas. O esquema também conta com lobbies envolvendo grandes empresas do país. Pesa sobre diversas pessoas próximas ao poder central a acusação de enriquecimento ilícito com repasses de propina oriunda desse esquema.

A PF ainda investiga, com a operação Acrônimos, um suposto esquema de lavagem de dinheiro por meio de sobrepreço e inexecução de contratos com o governo federal desde 2005. Há suspeita de que recursos desviados abasteciam campanhas eleitorais, entre elas a do governador de Minas Gerais, Fernando Pimentel (PT). Essa operação atingiu o núcleo de confiança da então presidente Dilma: Pimentel, amigo e ex-ministro, e Giles Azevedo, um dos seus assessores mais próximos. Nesse caso, a primeira-dama mineira é acusada de criar empresa para lavar dinheiro, atualmente investigada pela Justiça de Minas. Em ato semelhante ao praticado no âmbito federal no episódio da inédita nomeação a ministro do ex-presidente Lula, feita pela então presidente Dilma, ela foi nomeada secretária de Estado pelo marido, o governador Fernando Pimentel, como tática para obter foro privilegiado em Minas.

[11] Medida provisória n. 470, de 13 de outubro de 2009, que estabeleceu melhores condições para o parcelamento de dívidas, o qual favoreceu a Odebrecht.

> Pela quantidade de operações da PF em andamento, podemos ter uma ideia da corrupção endêmica e disseminada geometricamente. Pelas indicações, parece ser o único interesse de grande parte de nossos representantes e dos partidos políticos em geral, quer no poder Executivo quer no Legislativo, praticar apropriação e desvio do dinheiro público mediante credenciais obtidas nas eleições para a consecução de tais objetivos.

O mais estarrecedor é que a corrupção é mais visível nos municípios, dos quais não estamos tratando neste trabalho. Como sabemos, são 5.570 ao todo. Dado esse enorme manancial, é possível dimensionar quanto dinheiro público é desviado em ações não republicanas em todos os rincões do Brasil.

Só como aperitivo, estudos mostram que cerca de 67% de todo o dinheiro destinado à saúde e à educação são desviados nos municípios. É uma festa, considerando o comportamento político brasileiro e o fato de que a grande maioria desses municípios foi criada pelas cobras políticas centenárias que ali estão, não podemos imaginar coisa boa vindo desses rincões, verdadeiros currais eleitorais de deputados e senadores, os chamados coronéis sem farda.

5

A delação do senador Delcídio do Amaral[12]

[12] Disponível em: <http://congressoemfoco.uol.com.br/noticias/leia-a-integra-da-delacao--de-delcidio-do-amaral/>. Acesso em: 18 maio 2017.

Apenas com a finalidade de ilustrar o que estamos falando, sem emitir juízo de valor em relação à verdade das declarações do senador Delcídio do Amaral, colacionamos a seguir pequenos trechos de suas declarações feitas no âmbito da Operação Lava Jato e já homologadas pelo STF.

Com extraordinária riqueza de detalhes, o senador descreveu a ação decisiva da presidente Dilma Rousseff para manter na estatal os diretores comprometidos com o esquema do Petrolão, e demonstrou que, do Palácio do Planalto, a presidente usou seu poder para evitar a punição de corruptos e corruptores, nomeando para o Superior Tribunal de Justiça (STJ) um ministro que se comprometeu a votar pela soltura de empreiteiros já denunciados pela Lava Jato. O senador Delcídio também afirmou que o ex-presidente Luiz Inácio Lula da Silva tinha pleno conhecimento do esquema de propina instalado na Petrobras e agiu direta e pessoalmente para barrar as investigações, inclusive sendo o mandante do pagamento de dinheiro para tentar comprar o silêncio de testemunhas.

O relato de Delcídio do Amaral, do ponto de vista político e criminal, é devastador, e, se comprovado documentalmente e/ou por testemunhos, complica de vez a situação de Dilma e Lula, por se tratar de uma narrativa de quem não só testemunhou e esteve presente nas reuniões em que as decisões nada republicanas foram tomadas, bem como participou ativamente de ilegalidades ali combinadas, segundo ele a mando de Dilma e Lula.

O ministro Teori Zavascki homologou a delação do senador Delcídio do Amaral. O que ele revelou sobre a presidente é gravíssimo. Segundo Delcídio, Dilma tentou por três ocasiões interferir na Lava Jato, com a ajuda do ex-ministro da Justiça José Eduardo Martins Cardozo. "É indiscutível e inegável a movimentação sistemática do ministro da Justiça, José Eduardo Cardozo, e da própria presidente Dilma Rousseff, no sentido de promover a soltura de réus presos na operação", afirmou Delcídio em sua delação premiada.

A terceira investida da presidente contou com o envolvimento pessoal do senador petista. No primeiro anexo da delação, Delcídio disse que, diante do fracasso das duas manobras anteriores, uma das quais a famosa reunião em Portugal com o presidente do STF, Ricardo Lewandowski, "a solução" passava pela nomeação do desembargador Marcelo Navarro para o STJ. "Tal nomeação seria relevante para o governo", pois o nomeado cuidaria dos "habeas corpus e recursos da Lava Jato no STJ". Na semana da definição da estratégia, Delcídio contou que esteve com Dilma no Palácio da Alvorada para uma conversa privada.

Segundo o senador Delcídio, os dois conversavam enquanto caminhavam pelos jardins do Alvorada, quando Dilma solicitou que Delcídio, na condição de líder do governo, "conversasse com o desembargador Marcelo Navarro, a fim de que ele confirmasse o compromisso de soltura de Marcelo Odebrecht e Otávio Marques de Azevedo", da Andrade Gutierrez. Conforme acertado com a presidente, Delcídio se encontrou com Navarro "no próprio Palácio do Planalto, no andar térreo, em uma pequena sala de espera", o que, segundo o senador, pode ser atestado pelas câmeras de segurança. Na reunião, de acordo com Delcídio, Navarro "ratificou seu compromisso, alegando inclusive que o dr. Falcão (presidente do STJ, Francisco Falcão) já o havia alertado sobre o assunto".

Disse que o acerto foi cumprido à risca. Em recente julgamento de habeas corpus impetrados no STJ, Navarro, na condição de relator, votou pela soltura dos dois executivos. O problema, para o governo, é que o relator foi voto vencido. No placar: 4 x 1 pela manutenção da prisão.

A ação de uma presidente da República no sentido de nomear um ministro para um tribunal superior em troca do seu compromisso de votar pela soltura de presos envolvidos num esquema de corrupção é inacreditável pela ousadia e presunção da impunidade. E joga por terra todo seu discurso de "liberdade de atuação da Lava Jato", repetido como um mantra na campanha eleitoral. Acreditamos que esse episódio por si só tem potencial para ensejar um novo processo de impeachment contra ela por crime de responsabilidade. Além de colocá-la na fila daqueles que serão investigados pelo STF, em razão da gravidade das revelações de seu fiel escudeiro.

> *A Lei n. 1.079, que define os crimes de responsabilidade, diz em seu artigo 9º, itens 6 e 7, que quem atenta contra a probidade administrativa é passível de perda de mandato:*
>
> *6 – usar de violência ou ameaça contra funcionário público para coagi-lo a proceder ilegalmente, bem como utilizar-se de suborno ou de qualquer outra forma de corrupção para o mesmo fim;*
>
> *7 – proceder de modo incompatível com a dignidade, a honra e o decoro do cargo.*

O trecho da delação de Delcídio a respeito da compra da refinaria de Pasadena, no Texas, considerada um dos negócios mais desastrosos da Petrobras, firmado em 2006 com um superfaturamento de US$ 792 milhões, quando Dilma presidia o Conselho de Administração da estatal, deverá trazer enormes complicações à presidente.

A versão distorcida da presidente, de que ela e os demais conselheiros do colegiado não tinham conhecimento de cláusulas desfavoráveis à Petrobras, por si só já não se sustentava, mas Delcídio, em seu depoimento constante do Anexo 17 da delação, é taxativo. Disse ele: "Dilma tinha pleno conhecimento de todo o processo de aquisição da refinaria (...) A aquisição foi feita com conhecimento de todos. Sem exceção", reforçou o senador.

Não seria a primeira vez que Delcídio desmentiria Dilma na delação. Em seu depoimento constante do Anexo 3, o senador garante que ela teve participação efetiva na nomeação de Nestor Cerveró para a diretoria da BR Distribuidora, contrariando frontalmente o que havia afirmado em declarações prestadas anteriormente.

Delcídio disse aos procuradores da Lava Jato que "tem conhecimento desta ingerência (de Dilma), tendo em vista que, no dia da aprovação pelo Conselho, estava na Bahia e recebeu ligações de Dilma". Ex-diretor internacional da Petrobras, Nestor Cerveró foi preso em janeiro de 2015, acusado de receber propina em contratos da estatal com empreiteiras. Até então, a indicação de Cerveró era atribuída a Lula e José Eduardo Dutra, ex-presidente da BR Distribuidora, falecido no ano passado. Mas, segundo Delcídio, a atuação de Dilma foi "decisiva". Disse que a presidente ligou para ele duas vezes.

Segundo Delcídio, na primeira ligação, a presidente telefonou "perguntando se o Nestor já havia sido convidado para ocupar a diretoria financeira da BR Distribuidora". "Depois, ligou novamente, confirmando a nomeação de Nestor para o referido cargo", o que se concretizou no dia 3 de março de 2008. Nestor Cerveró foi o pivô da prisão de Delcídio.

> *Em 25 de novembro de 2015, pela primeira vez desde 1985, o STF mandava prender um senador no pleno exercício de seu mandato. Um dos motivos apontados pelo ministro Teori Zavascki foi a suposta oferta de uma mesada de R$ 50 mil para que Cerveró não celebrasse o acordo de delação premiada.*

Em sua delação, o senador Delcídio do Amaral, do PT, e líder do governo, não só forneceu detalhes do pagamento como fez uma revelação bombástica. Disse que o mandante dos pagamentos à família Cerveró foi o ex-presidente Lula. O senador petista trata do tema no Anexo 02 de sua delação. Segundo Delcídio, Lula pediu "expressamente" para que ele ajudasse o amigo e pecuarista José Carlos Bumlai, porque ele estaria implicado nas delações de Fernando Baiano e Nestor Cerveró. Bumlai, segundo o senador, gozava de "total intimidade" e exercia o papel de "consigliere" da família Lula – expressão usada pela máfia italiana e consagrada no filme O Poderoso Chefão para designar o conselheiro que detinha uma posição de liderança e representava o chefe em reuniões importantes.

A transcrição da delação feita pelos procuradores da operação Lava Jato diz no que consistia a ajuda exigida por Lula a Bumlai: "No caso, Delcídio intermediaria o pagamento de valores à família de Cerveró". Na conversa com o ex-presidente, de acordo com outro trecho da delação, Delcídio diz que "aceitou intermediar a operação", mas lhe explicou que "com José Carlos Bumlai seria difícil falar, mas que conversaria com o filho, Maurício Bumlai, com quem mantinha boa relação". O acerto foi sacramentado. Depois de receber a quantia de Maurício Bumlai, a primeira remessa de R$ 50 mil foi entregue em mãos pelo próprio Delcídio ao advogado de Cerveró, Edson Ribeiro, também preso pela Lava Jato. Segundo o senador Delcídio, os re-

passes de dinheiro se repetiram em outras oportunidades por meio do assessor Diogo Ferreira. O total recebido foi de R$ 250 mil. Para os procuradores que tomaram o depoimento de Delcídio, a revelação é de extrema gravidade e pode justificar a prisão do ex-presidente Lula. Integrantes da Lava Jato elaboram o seguinte raciocínio: "se o que embasou a detenção de Delcídio, preventivamente, foi a tentativa do senador de obstruir as investigações, atestada pela descoberta do pagamento a Cerveró, o mesmo se aplicaria a Lula, o mandante de toda a artimanha".

Em outros momentos de suas falas aos procuradores da operação Lava Jato, Delcídio envolveria Lula na compra do silêncio de testemunhas. De acordo com o preso senador Delcídio do Amaral, o ex-presidente Lula e o ex-ministro da Fazenda e da Casa Civil, Antônio Palocci, em meados de 2006, articularam o pagamento a Marcos Valério para que ele se calasse sobre o mensalão. O dinheiro, um total de R$ 220 milhões destinados a sanar uma dívida, segundo Delcídio, foi prometido por Paulo Okamoto. Aos procuradores, o senador relatou uma conversa com Lula em que o alertou da seguinte forma:

> *"Acabei de sair do gabinete daquele que o senhor enviou a Belo Horizonte (Okamoto). Corra, presidente, senão as coisas ficarão piores do que já estão".*

Na sequência, Palocci ligou para Delcídio dizendo que Lula estava "injuriado" em razão do teor da conversa, mas que ele (Palocci), a partir daquele momento, "estaria assumindo a responsabilidade pelo pagamento da dívida". Valério, de acordo com o senador petista, não recebeu a quantia integral pretendida. Diz o trecho da delação, "a história mostrou a contrapartida: Marcos Valério silenciou". Ainda sobre o mensalão, Delcídio, ex-presidente da CPI dos Correios, disse ter testemunhado na madrugada do dia 5 de abril de 2006 as "tratativas ilícitas para retirada do relatório (final da CPI) dos nomes de Lula e do filho Fábio Luís Lula da Silva em um acordo com a oposição". Assim, segundo o Anexo 21 da delação, Lula se salvou do impeachment.

O senador lembrou também aos procuradores uma frase do ex-ministro José Dirceu: "Pode checar quem ia à Granja do Torto aos domingos. Te garanto que não era eu". Sem dúvida, afirmou Delcídio, tratava-se de uma referência a Delúbio Soares e Marcos Valério. Hoje, de acordo com Delcídio, um dos temas que "mais aflige" o ex-presidente Lula é a CPI do Carf. O colegiado apura a compra de MPs (medidas provisórias) durante o governo do petista para favorecer montadoras com eliminação de tributos ou sua redução, e o envolvimento do seu filho, Luis Claudio, no esquema. Segundo o senador petista, "por várias vezes Lula solicitou a ele que agisse para evitar a convocação do casal Mauro Marcondes e Cristina Mautoni para depor".

O consultor Mauro Marcondes, amigo de Lula desde os tempos do ABC, e sua mulher foram presos na operação Zelotes, da PF, acusados de intermediar a compra de MPs. Documentos em poder desta operação mostram que a LFT, uma empresa de marketing esportivo pertencente a Luis Claudio Lula da Silva, recebeu R$ 1,5 milhão na mesma época em que lobistas foram remunerados por empresas interessadas na renovação da medida provisória. Afirmação feita pelo senador Delcídio aos procuradores da Lava Jato: "Lula estava preocupado com as implicações à sua própria família, especialmente os filhos Fábio Luís e Luís Cláudio", fato confirmado a ele por Maurício Bumlai.

A CPI dos Bingos (encerrada em 2006), segundo relatos do senador Delcídio do Amaral, teria agido para proteger a presidente Dilma. Essa declaração vem acompanhada de uma revelação que compromete a campanha da presidente no ano de 2010.

Em sua delação, no Anexo 29, o senador Delcídio do Amaral afirma que "uma das maiores operações de caixa dois para a campanha de Dilma em 2010 foi feita através do empresário Adir Assad", condenado no fim de 2015 por ser um dos operadores do esquema do Petrolão.

"Orientados pelo tesoureiro de campanha de Dilma, José de Filippi, os empresários faziam contratos de serviços com as empresas de Assad, que repassava recursos para as campanhas eleitorais." De acordo com as declarações do senador Delcídio, o encerramento prematuro e sem um relatório final da CPI dos Bingos deveu-se exclusivamente a esse fato. "Quando o governo percebeu que as várias quebras de sigilo levariam à campanha Dilma 2010, determinaram o encerramento dos trabalhos", disse ele. Parte dos depoimentos do senador Delcídio do Amaral fora colhido dentro do STF.

Segundo o senador Delcídio do Amaral, líder do governo Dilma, a presidente Dilma e seu Ministro da Justiça tentaram interferir na operação Lava Jato.

No Anexo 01 da delação, o senador Delcídio do Amaral revela que em três ocasiões a presidente Dilma Vana Rousseff, no exercício do mandato, e o então Ministro da Justiça, José Eduardo Martins Cardozo, tentaram interferir na Lava Jato. Isso teria ocorrido por intermédio da nomeação para o cargo de ministro do STJ Marcelo Navarro, que fez parte de acordo para soltura de executivos presos.

1 – Segundo Delcídio do Amaral, a Primeira Investida do Planalto

A despeito do discurso do governo com relação à sua isenção nos rumos da Operação Lava Jato, diante das afirmações do senador Delcídio, torna-se inegável a movimentação sistemática do Ministro da Justiça, José Eduardo Cardozo, e da própria presidenta Dilma Vana Rousseff no intuito de tentar alinhavar os meios que levassem à soltura de réus presos no curso da referida operação. Segundo o senador Delcídio, faz parte dessa articulação o advogado Sigmaringa Seixas, figura influente quando se trata de indicações do governo para os Tribunais Superiores. Nas conversas com José Eduardo Cardozo, a presidenta Dilma se refere a Sigmaringa como "the old man".

A primeira investida do Planalto para tentar alterar os rumos da Lava Jato salta aos olhos pela ousadia: o encontro realizado em 07/07/2015 (18 dias após a prisão de Marcelo Odebrecht e Otávio Azevedo) entre a presidenta Dilma, o então Ministro José Eduardo e o presidente do STF, Ricardo Lewandowski, numa escala em Porto (Portugal) para supostamente falar sobre o reajuste de verbas do Poder Judiciário. A razão apontada pela Presidência é absolutamente injustificável. A razão principal do encontro, em verdade, foi para analisar as mudanças nos rumos da Lava Jato. Contudo, a reunião foi um fracasso, em função do posicionamento retilíneo do ministro Ricardo Lewandowski ao afirmar que não se envolveria.

2 – A segunda investida do Planalto

Em virtude da falta de êxito na primeira investida, mudou-se a estratégia, que se voltou, então, para o STJ. José Eduardo esteve em Florianópolis em agenda institucional. A ideia era indicar para uma das vagas no STJ o presidente do TJ de Santa Catarina, Nelson Schaefer. Em contrapartida, o ministro convocado, Dr. Trisotto, votaria pela libertação dos acusados Marcelo Odebrecht e Otávio Azevedo. A investida foi em vão porque Trisotto se negou a assumir tal responsabilidade espúria. Mais um fracasso de José Eduardo em conseguir uma nomeação.

3 – Terceira investida do Planalto

Após os dois fracassos anteriores, rapidamente se desenhou uma nova solução que passava pela nomeação de Marcelo Navarro, desembargador do TRF da 5ª Região, muito ligado ao ministro e presidente do STJ, Dr. Francisco Falcão. Tal nomeação seria relevante para o governo, pois o nomeado entraria na vaga detentora de prevenção para o julgamento de todos os Habeas Corpus e recursos da Lava Jato no STJ. Na semana da definição da nova estratégia, Delcídio do Amaral esteve com a presidenta Dilma no Palácio da Alvorada para uma conversa privada. Conversaram enquanto caminhavam pelos jardins do Palácio, e Dilma solicitou que Delcídio conversasse com o desembargador Marcelo Navarro a fim de que ele confirmasse o compromisso de soltura de Marcelo e de Otávio (...)

(...) Conforme o combinado, Delcídio do Amaral se encontrou com o desembargador Marcelo Navarro no próprio Palácio do Planalto, no andar térreo, em uma pequena sala de espera, o que poderá ser atestado pelas câmeras do Palácio. Nessa reunião, muito rápida pela gravidade do tema, o Dr. Marcelo ratificou seu compromisso, alegando inclusive que o Dr. Falcão já o havia alertado sobre o assunto. Dito e feito. A sabatina do Dr. Marcelo pelo Senado e correspondente aprovação ocorreram em tempo recorde. Em recente julgamento dos Habeas Corpus impetrados no STJ, confirmando o compromisso assumido, o Dr. Marcelo Navarro, na condição de relator, votou favoravelmente pela soltura dos dois executivos (Marcelo e Otávio). Entretanto, obteve um revés de 4 x 1 contra seu posicionamento, vez que as prisões foram mantidas pelos outros ministros da 5ª turma do STJ."

Dilma sabia de tudo sobre o acerto de Pasadena

O senador Delcídio do Amaral, em sua delação, deu detalhes de como a ministra do governo Lula e presidente do Conselho de Administração da Petrobras, Dilma Rousseff, sabia que por trás da compra da Refinaria de Pasadena havia um esquema de superfaturamento para desviar recursos da hoje combalida Petrobras. Ela poderia ter barrado as negociações, mas os contratos foram aprovados pelo Conselho de Administração em tempo recorde, e a Petrobras amargou, até onde se sabe, um prejuízo de US$ 792 milhões, como restou sobejamente comprovado pela Operação Lava Jato, e, aliás, como já vinha alertando o TCU (Tribunal de Contas da União).

"Dilma Rousseff, então presidente do Conselho de Administração da Petrobras, tinha pleno conhecimento de todo o processo de aquisição da Refinaria de Pasadena e de tudo o que esse encerrava. A alegação de Dilma de que ignorava o expediente habitualmente utilizado em contratos desse tipo, alegando desconhecimento de cláusula como put option, *absolutamente convencional, é, no mínimo, questionável. Da mesma forma, discutir um* revamp *de refinaria que nunca ocorreu é inadmissível. A tramitação do processo de aquisição de Pasadena durou um dia entre a reunião da Diretoria Executiva e o Conselho de Administração. Delcídio esclarece que a aquisição de Pasadena foi feita com o conhecimento de todos. Sem exceção."*

Dilma queria Cerveró na Petrobras

> *O senador Delcídio do Amaral, líder do PT, nos governos Lula e Dilma revelou que, no ano de 2008, Dilma Rousseff atuou de forma decisiva para assegurar que Nestor Cerveró fosse mantido na direção da Petrobras.*

Na ocasião, Cerveró perdeu o cargo de diretor Internacional por pressão do PMDB, mas Dilma conseguiu colocá-lo na Diretoria Financeira da BR Distribuidora.

"Diferentemente do que afirmou Dilma Rousseff em outras oportunidades, a indicação de Nestor Cerveró para a Diretoria Financeira da BR Distribuidora contou efetivamente com a sua participação." Delcídio do Amaral tem conhecimento dessa ingerência tendo em vista que, no dia da aprovação pelo Conselho, estava na Bahia e recebeu ligações de Dilma (...)

(...) Não é correta a informação de que a Diretoria Financeira da BR Distribuidora tenha sido produto de entendimento exclusivo de Lula e Dutra (José Eduardo). Dilma Rousseff teve atuação decisiva, comprovada através das ligações mencionadas, quando da sua chegada ao Rio de Janeiro para a reunião do Conselho de Administração da Petrobras. Dilma Rousseff ligou para Delcídio perguntando se o Nestor já havia sido convidado para ocupar a Diretoria Financeira da BR Distribuidora. Depois, ligou novamente confirmando a nomeação de Nestor para o referido cargo, o que restou concretizado na segunda-feira, 03/03/2008, quando da posse de Nestor na BR Distribuidora e de Jorge Zelada na área internacional da Petrobras."

Segundo o senador Delcídio, a CPI dos bingos protegeu Dilma

No Anexo 29 de sua delação, o senador Delcídio do Amaral descreve com riqueza de detalhes aos membros da Lava Jato uma operação de caixa dois na campanha de Dilma Rousseff nas eleições de 2010, feita pelo doleiro Adir Assad.

> *Segundo o senador Delcídio, o esquema seria descoberto pela CPI dos Bingos, mas o governo usou a base de apoio no Congresso para barrar a investigação dos parlamentares.*

"Uma das maiores operações de caixa dois da campanha de Dilma em 2010 foi feita através de Adir Assad. Orientados pelo tesoureiro da campanha, José de Filippi, os empresários faziam contratos de serviços com as empresas de Assad, que repassava os recursos para as campanhas eleitorais. Esse expediente foi largamente utilizado, e o encerramento prematuro e sem relatório final da CPI dos Bingos deveu-se exclusivamente a esse fato. Quando o governo percebeu que as várias quebras de sigilo levariam à campanha de Dilma, determinou o encerramento imediato dos trabalhos."

Segundo o senador Delcídio em sua delação, Lula mandou pagar Cerveró

Um dos relatos mais explosivos feitos pelo senador Delcídio do Amaral, líder do governo no Senado à Operação Lava Jato, está no Anexo 2.

O senador revela aos procuradores que o ex-presidente Luiz Inácio Lula da Silva comandou o esquema do pagamento de uma mesada a Cerveró para tentar evitar sua delação premiada.

Foi por intermediar esses pagamentos que Delcídio acabou na cadeia. Lula não queria que o ex-diretor da Petrobras mencionasse o esquema do pecuarista José Carlos Bumlai na compra de sondas superfaturadas feitas pela estatal.

"Lula pediu expressamente a Delcídio do Amaral para ajudar o Bumlai porque supostamente ele estaria implicado nas delações de Fernando Soares e Nestor Cerveró. No caso, Delcídio intermediaria o pagamento de valores à família de Cerveró com recursos fornecidos por Bumlai. Delcídio explicou a Lula que com José Carlos Bumlai seria difícil falar, mas que conversaria com o filho, Maurício Bumlai, com quem mantinha uma boa relação.

Delcídio, vendo a oportunidade de ajudar a família de Nestor, aceitou intermediar a operação.

A primeira remessa de R$ 50 mil foi entregue pelo próprio Delcídio do Amaral em mãos para o advogado Edson Ribeiro, após receber a quantia de Maurício Bumlai, em um almoço na churrascaria Rodeio do Iguatemi, em 22/05/2015 (anexa base documental para isso). As entregas de valores à família de Nestor Cerveró se repetiram em outras oportunidades. Nessas outras oportunidades quem fez a entrega foi o assessor Diogo Ferreira (anexa base documental disso). O total recebido pela família de Nestor foi de R$ 250 mil. O próprio Bernardo (filho de Nestor Cerveró) recebeu em espécie de Diogo.

Segundo Delcídio, Lula comprou o silêncio de Marcos Valério

De acordo com depoimentos do senador Delcídio do Amaral, prestados à operação Lava Jato, o ex-presidente Lula cedeu às chantagens do publicitário Marcos Valério, que exigia o pagamento de R$ 220 milhões para se calar na CPI dos Correios sobre os meandros do Mensalão.

> *Em seu depoimento, Delcídio afirma que ele e Paulo Okamoto, um dos principais amigos de Lula (presidente do Instituto Lula), tentaram negociar o pagamento, mas foi o ex-ministro Antônio Palocci quem assumiu essa tarefa.*

"Em 14/02/2006 foi conversado sobre o pagamento de uma dívida prometida por Paulo Okamoto em Belo Horizonte, a fim de que Marcos Valério silenciasse em relação às questões do mensalão. Nos dois dias se-

guintes, Delcídio do Amaral se reuniu sucessivamente: primeiro com Paulo Okamoto, a fim de que ele cumprisse com o prometido em Belo Horizonte (de acordo com Marcos Valério o valor seria de R$ 220 milhões); segundo com o ex-presidente Lula, sendo que na conversa Delcídio disse expressamente ao presidente: 'acabei de sair do gabinete daquele que o senhor enviou a Belo Horizonte. Corra presidente, senão as coisas ficarão piores do que já estão'. No dia seguinte, Delcídio recebeu uma ligação do então ministro da Justiça, Marcio Thomaz Bastos, na qual este disse: 'parece que sua reunião com o Lula foi muito boa, né?'. A resposta de Delcídio foi a seguinte: 'não sei se foi boa para ele'. Na sequência, o ministro da Fazenda, Palocci, ligou para Delcídio dizendo que Lula estava 'injuriado' com ele em razão do teor da conversa. Contudo, Palocci disse que estaria, a partir daquele momento, assumindo a responsabilidade pelo pagamento da dívida. Marcos Valério recebeu, mas não a quantia integral pretendida. De todo modo, a história mostrou a contrapartida: Marcos Valério silenciou."

Exclusão de Lula e Lulinha da CPI dos Correios evitou o impeachment

Segundo declarações que constam do Anexo 21 da delação, o senador Delcídio do Amaral relata a forte atuação de Lula e aliados sobre os parlamentares da CPI dos Correios. O senador, que presidiu a CPI, afirma que a votação do relatório que poupou o ex-presidente foi duvidosa.

"Lula se salvou de um impeachment com a exclusão de seu nome e de seu filho Fábio Lula da Silva (o Lulinha) na madrugada do dia 05/04/2006 do relatório final da CPI dos Correios, que foi aprovado em votação polêmica e duvidosa naquele mesmo dia."

Segundo o senador Delcídio, em sua delação, o ex-presidente Lula pressionou a CPI do CARF para proteger sua família

Delcídio afirmou aos procuradores da Lava Jato que, na condição de líder do governo, foi pressionado por Lula para que Mauro Marcondes e Cristina Mautoni não fossem depor na CPI que apura a venda de Medidas Provisórias. Ele revelou que o ex-presidente Lula temia que o casal pudesse implicar seus filhos no escândalo.

"Delcídio do Amaral tem conhecimento de que um dos temas que mais aflige o presidente Lula é a CPI do Carf (Conselho Administrativo de Recursos Fiscais). A preocupação do ex-presidente foi elevada especialmente quando da convocação de Mauro Marcondes e de sua esposa Cristina Mautoni. Por várias vezes o próprio Lula solicitou a Delcídio que agisse para evitar a convocação do casal para depor perante a CPI. Lula alegava que estava muito preocupado com eles.

Mas, em verdade, Lula estava preocupado com implicações a sua própria família, especialmente com os filhos Fábio Luiz Lula da Silva e Luiz Claudio Lula da Silva. Esse fato foi confirmado a Delcídio por Maurício Bumlai, que conhece muito bem a relação dos familiares de Lula com o casal. Em resposta à insistência de Lula, Delcídio, como líder do governo no Senado, mobilizou a base do governo para derrubar os requerimentos de convocação do casal na reunião ocorrida em 05/11/2015, onde logrou êxito."

Segundo o senador Delcídio do Amaral, o pecuarista José Carlos Bumlai é o *consigliere* da família do ex-presidente Lula

No Anexo 6 de sua delação premiada, Delcídio do Amaral descreve com riqueza de detalhes as relações de Bumlai com o ex-presidente e sua família.

Fala sobre os supostos negócios escusos envolvendo o pecuarista e a Petrobras e cita as obras no sítio de Atibaia (aquele sem dono).

"Ao contrário do que afirma o ex-presidente Lula, José Carlos Bumlai goza de total intimidade com ele, representando de certa maneira o papel de 'consigliere' da família Lula" (...)

> *De todas as ações ilícitas de Bumlai, uma das mais relevantes é a aquisição/operação, pela Petrobras, da sonda Vitória 10.000, cujos desdobramentos políticos e financeiros são muito maiores do que os divulgados.*

Bumlai foi o principal responsável pela implementação do Instituto Lula, disponibilizando de todo o aparato logístico e financeiro. Foi também a pessoa que ficou responsável, em um primeiro momento, pelas obras do sítio de Atibaia, do ex-presidente Lula. Delcídio tem conhecimento de que Bumlai já tinha contratado arquiteto e engenheiro para a realização das obras, o que foi abortado por Léo Pinheiro, outro grande amigo do presidente, que pessoalmente se dispôs a fazer o serviço por meio da OAS em um curto espaço de tempo."

Da existência de pedágios na CPI da Petrobras

Segundo as declarações do senador Delcídio em sua delação, os senadores Gim Argello (PTB-DF), Vital do Rego (PMDB-PB) e os deputados Marco Maia (PT-RS) e Fernando Francischini (SD-PR) cobravam de empreiteiros para não serem convocados na CPI da Petrobras.

"Delcídio do Amaral sabe de ilicitudes envolvendo o desfecho da CPI que apurava os crimes no âmbito da Petrobras. A CPI obrigava Léo Pinheiro, Jú-

lio Camargo e Ricardo Pessoa a jantarem todas as segundas-feiras em Brasília. O objetivo desses jantares era evitar que os empresários fossem convocados para depor na CPI. Os senadores Gim Argello, Vital do Rego e os deputados Marco Maia e Francischini cobravam pedágio para não convocar e evitar maiores investigações contra Léo Pinheiro, Júlio Camargo e Ricardo Pessoa."

Diante de um cenário desses, seria possível afirmar que estamos diante de **Excelências Bandidas**? Se a resposta for afirmativa, a situação é extremamente grave e requer medidas de grande urgência por parte da sociedade, nesse caso representada pelo Ministério Público e Poder Judiciário. Não é possível contar com grande parte do Congresso Nacional, uma vez que uma boa quantidade de seus líderes está atolada em denúncias de corrupção, venda de medidas provisórias e lavagem de dinheiro.

6

Mensalão do PT

Desde a redemocratização do Brasil, nunca assistimos a tantas denúncias de corrupção e a uma ciranda de escândalos de tais proporções envolvendo o meio político. Em primeiro lugar, destacamos o caso do Mensalão do PT – que se traduz, em poucas palavras, em pagar campanhas futuras e passadas e comprar apoio parlamentar. A opinião pública ficou estarrecida com o caso que deu origem à Ação Penal 470 (Mensalão do PT). Nesse processo, a grande maioria da cúpula do PT foi condenada no STF.

> O Mensalão é o principal escândalo que atingiu o governo do presidente Luiz Inácio Lula da Silva em 2005 – durante seu primeiro mandato –, o qual consistia em um esquema de pagamento de propinas a parlamentares para que votassem a favor de projetos do governo.

Entre os 39 acusados, estão parlamentares, ex-ministros, dirigentes do Banco Rural e o empresário e publicitário Marcos Valério. O ex-chefe da Casa Civil, José Dirceu, foi apontado como chefe do esquema.

A crise começou com uma entrevista, em junho de 2005, em que Roberto Jefferson, à época deputado federal, disse para o jornal *Folha de S. Paulo* que o Mensalão existia e envolvia o PT, o PL, que se uniu ao Prona e se tornou um novo partido, o PR (Partido da República), o PTB e outros. O ex-tesoureiro do PT, Delúbio Soares, foi a público negar que pagava mesada e ofereceu abrir seu sigilo fiscal, bem como o sigilo bancário de suas contas pessoais.

Foi no depoimento ao Conselho de Ética da Câmara que Jefferson contou que havia informado os ministros Aldo Rebelo, Walfrido Mares Guia, Ciro Gomes, Miro Teixeira, José Dirceu e Antônio Palocci sobre o esquema. Dirceu e Palocci negaram ter sido alertados, mas os outros admitiram que sabiam de tudo. Nesse depoimento, ficou famoso o pedido de Jefferson para que Dirceu saísse do governo "rapidinho".

Uma semana depois que o caso estourou, Dirceu, até então considerado o homem forte de Lula, pediu para sair da Casa Civil e foi substituído pela atual presidente afastada, Dilma Rousseff. No dia seguinte, Jefferson se licenciou da presidência do PTB, onde está atualmente, e, no dia 5 de julho, foi a vez de Delúbio Soares se licenciar do cargo de tesoureiro do PT. Ainda em julho foi instalada a CPI do Mensalão que ouviu praticamente todos os envolvidos no caso.

Em 12 de agosto do mesmo ano, o presidente Lula fez um pronunciamento na TV em que se disse "traído" e afirmou que o "PT tem de pedir desculpas", mas não citou nomes. Em 30 de agosto, Delúbio envia à CPI do Mensalão uma carta envolvendo o PSB e o PC do B no esquema.

Em setembro, a CPI do Mensalão aprova relatório que pede a cassação de 18 deputados: Carlos Rodrigues (PL-RJ), João Magno (PT-MG), João Paulo Cunha (PT-SP), José Borba (PMDB-PR), José Dirceu (PT-SP), José Janene (PP-PR), José Mentor (PT-SP), Josias Gomes (PT-BA), Paulo Rocha (PT-PA), Pedro Corrêa (PP-PE), Pedro Henry (PP-MT),

Professor Luizinho (PT-SP), Roberto Brant (PFL-MG), Roberto Jefferson (PTB-RJ), Romeu Queiroz (PTB-MG), Sandro Mabel (PL-GO), Valdemar Costa Neto (PL-SP – que já havia renunciado um mês antes), Vadão Gomes (PP-SP), Wanderval Santos (PL-SP). Destes, apenas Dirceu, Corrêa e Jefferson perderam o mandato e, com isso, os direitos políticos por oito anos.

Em outubro, o PT expulsou Delúbio, que tinha autonomia para administrar as despesas e as receitas do PT, e, em dezembro, a CPI dos Correios divulgou relatório que aponta a existência do Mensalão em quatro padrões de funcionamento do esquema: pagamentos semanais para o PL, dinheiro para trocas de partido, compra de votos de parlamentares e pagamentos para o PP.

> Em 2006, a Procuradoria-Geral da República (PGR) apresentou ao STF denúncia contra 40 pessoas supostamente envolvidas com a compra e venda de votos que favorecessem o governo.

No ano seguinte, o STF converteu o processo em ação penal e os acusados passaram a responder como réus.

O relator do caso no STF, ministro Joaquim Barbosa, autorizou juízes federais de oito Estados e do Distrito Federal a interrogar os acusados e a receber a defesa prévia dos réus como forma de agilizar o andamento. Nesse ano, a Justiça começou a ouvir testemunhas de defesa dos principais acusados, o processo ainda levou cerca de dois anos para chegar ao julgamento final pelo STF.

O Mensalão passou a contar com 39 réus depois que o ex-secretário-geral do PT, Silvinho Pereira, fez um acordo com a PGR, que suspendeu o processo movido contra ele em troca da prestação de serviço comunitário. Ele era acusado de formação de quadrilha.

O ex-deputado do PTB Roberto Jefferson, delator do Mensalão, foi condenado a 7 anos e 14 dias de prisão pelos crimes de corrupção passiva e lavagem de dinheiro na ação penal em julgamento no STF. A pena deu-lhe o direito de cumprir a sentença em regime semiaberto. A PGR manifestou-se favorável à concessão de indulto (perdão da pena) para Jefferson. Condenado a quase 40 anos de prisão, Marcos Valério, do núcleo publicitário, recebeu a maior pena.

> Dos 37 réus julgados pelo STF, 20 estão presos, quatro cumprem penas alternativas e 13 foram absolvidos.

Outros condenados:

Delúbio Soares, ex-tesoureiro do PT – condenado a 6 anos e 8 meses de prisão, em regime semiaberto, pelo crime de corrupção ativa, também foi absolvido, na análise de seu recurso, do crime de formação de quadrilha. Por meio de suposta arrecadação na internet, pagou a multa de R$ 466.888,90.

José Dirceu, ex-ministro da Casa Civil – o ex-ministro da Casa Civil foi condenado a 7 anos e 11 meses de prisão, em regime semiaberto, pelo crime de corrupção ativa. Apontado pela PGR como líder da organização criminosa, foi absolvido do crime de formação de quadrilha pelo STF na análise de recurso. Além da prisão, também foi condenado a pagar multa de R$ 971.128,92.

José Genoíno, ex-presidente do PT e ex-deputado federal – o ex-presidente nacional do PT e ex-deputado foi condenado a 4 anos e 8 meses de prisão, em regime semiaberto, pelo crime de corrupção ativa.

No julgamento de seu recurso, foi absolvido do crime de formação de quadrilha. Por meio de suposta arrecadação na internet, pagou a multa de R$ 667,5 mil imposta pela Justiça.

Um dos exemplos dessas manobras foi que, fato inédito, a Corte fez um novo julgamento de um processo que já havia sido decidido por maioria em sua composição anterior. Assim, inocentou os acusados do crime de associação em quadrilha e retirou a condenação que lhes proporcionaria uma pena maior.

Em razão disso, os acusados cumpriram poucos meses da pena e saíram para a premiada prisão domiciliar. As multas aplicadas a eles em razão dos delitos praticados foram quitadas de imediato, segundo os dirigentes partidários, com doações arrecadadas pelos militantes petistas pela internet, que fizeram uma "vaquinha".

> Qualquer que seja o nome que se dê ao esquema, o que o PT fez no primeiro mandato do presidente Lula foi comprar apoio parlamentar. E, mesmo depois do escândalo, continuou comprando, mas de outra maneira.

Em vez de pagamentos aos 54 líderes dos partidos, foram entregues a eles diretorias de estatais e Ministérios com "porteira fechada", assim como se fazia em governos anteriores. Portanto, em nada mudou a lógica de compra e venda do Congresso; o que mudou foi a natureza dos escândalos e a moeda usada pelos governantes.

O consagrado sambista Bezerra da Silva deve cantar em outra dimensão *"se gritar pega ladrão não fica um, meu irmão"*, hino também cantado por todos os brasileiros. Na dúvida, diante desse refrão e sem saber o que virá na próxima fase da Operação Lava Jato e suas derivações, a capital federal seria capaz de ficar às moscas.

7

Petrolão do PT

O ex-presidente Lula, com pompa e circunstância, anunciou a descoberta do pré-sal (reservas de petróleo em camadas profundas, abaixo do fundo do mar). Hoje, sabemos que toda aquela balela era mero pano de fundo para esconder a dilapidação da Petrobras em curso no seu governo. Na época, a notícia provocou grandes debates entre os governos estaduais, todos sedentos pelos *royalties* da produção. Naquele momento, em publicações nas redes sociais, chamamos toda aquela balbúrdia de "óleo de tolos".

> Enquanto o esquema desviava o dinheiro da Petrobras, estava em curso uma falaciosa discussão sobre os *royalties* do petróleo do chamado pré-sal. O assunto causava *frisson* entre os governantes dos Estados federados. Governadores à beira da histeria, brigando por participação.

Hoje, sabe-se que esse óleo se encontra a 7 mil metros abaixo do fundo do mar, e que sua extração tem um custo muito elevado, cerca de US$ 45 o barril, incompatível com os preços praticados no mercado internacional nos dias atuais.

Com a enxurrada de petróleo colocada no mercado pela Arábia Saudita, detentora da maior reserva de petróleo do mundo, o preço desse produto caiu vertiginosamente. Dada a incerteza da capacidade de produzir óleo do chamado pré-sal, tornou-se evidente que toda aquela discussão acerca da distribuição dos *royalties*, assim como a destinação do dinheiro desse petróleo para a educação e a saúde, eram apenas pano de fundo para anuviar os desvios ocorridos na Petrobras.

Recentemente, após o fim dos embargos econômicos mantidos por décadas contra o Irã, detentor da segunda maior reserva de petróleo do mundo, espera-se que sua entrada nesse mercado novamente mude as regras do jogo. O custo de produção da Petrobras está em torno de US$ 45 o barril. Tanto a Arábia Saudita quanto o Irã têm um custo de produção em torno de US$ 5. Diante desse cenário, vemos o tamanho do problema da Petrobras e da produção nacional.

Além disso, a situação foi agravada pela equivocada decisão do presidente Lula, em 2010, retomada pela ex-presidente Dilma Rousseff, de subsidiar os combustíveis até 2014 com vistas a facilitar sua reeleição. Com isso, provocou um enorme rombo nas contas da Petrobras, um custo estimado em R$ 54,6 bilhões.

> Futuramente, poderemos nos surpreender se, com o preço do petróleo estabilizado em torno de US$ 40 o barril, a produção em terras tupiniquins for inviabilizada por completo, como veio se transformando nos 13 anos de administração petista.

Caso não seja feita uma reavaliação em breve, importaremos todo o petróleo que consumimos devido ao seu baixo preço no mercado internacional.

O custo de produção em níveis superelevados inviabiliza a produção e, em breve, aumentará a importação de petróleo e crescerá o desequilíbrio da balança comercial e das contas públicas. A elevação dos custos de produção da Petrobras também está ligada ao processo de deterioração das relações comerciais, em razão do superfaturamento dos contratos da estatal para o pagamento de propinas. O superfaturamento dos preços em determinados equipamentos e insumos contaminou toda sua cadeia de produção. Com isso, todo o esforço da nação em 65 anos foi jogado por terra!

Enquanto o governo do PT e seus aliados dilapidavam o patrimônio da Petrobras, agora afundada em dívidas, o "óleo de tolo" continua lá, a cerca de 7 mil metros de profundidade abaixo do fundo do mar. Quem quiser extraí-lo que pegue uma pá e uma boa picareta e comece a escavar, pois o dinheiro necessário para a Petrobras fazer a exploração desse "óleo de tolo" já vazou para paraísos fiscais, vazamento este devidamente canalizado por seus diretores e controladores. A ordem era vazar, mas que fosse para seus fortes bolsos! Assim nasceu o Petrolão.

> Petrolão é o conjunto de esquemas de corrupção e desvio de fundos que ocorreu na Petrobras, a maior empresa estatal brasileira.

Esse escândalo está relacionado a vários partidos políticos, incluindo o Partido dos Trabalhadores (PT), o Partido Progressista (PP), o PMDB, dentre outros. Esse esquema foi criado para desviar recursos da Petrobras por meio de contratos superfaturados com o consequente fornecimento de dinheiro sujo para políticos envolvidos no esquema. Esses valores também funcionavam como moeda de troca para barganhas políticas: para comprar votos e financiar campanhas políticas por meio de doações oficiais; porém, a origem do dinheiro é sabidamente criminosa.

Esse famigerado escândalo foi comprovado pela Justiça em toda sua extensão, com base em investigações e delações premiadas. Saldo na ocasião: mais de uma centena de sentenças condenatórias prolatadas pelo juiz Sérgio Mouro consolidam, sem sombra de dúvida, um dos maiores escândalos até então conhecidos no mundo e o maior esquema de desvio de dinheiro público de que se tem notícia no Brasil.

Em março de 2014, a operação Lava Jato da PF prendeu o doleiro Alberto Youssef e o diretor da Petrobras Paulo Roberto Costa. Essa investigação aferiu que Paulo Roberto Costa, ex-diretor de abastecimento da Petrobras, recebia propinas de empreiteiras que prestavam serviços à estatal. Posteriormente, Alberto Youssef entregava o dinheiro da propina para alguns políticos e para o tesoureiro do PT, João Vaccari Neto.

> Nas confissões de Youssef, mais de 30 políticos foram envolvidos no esquema de corrupção. Num interrogatório da PF, ele revelou que, entre alguns nomes envolvidos, estavam o da presidente Dilma Rousseff e o do ex-presidente Lula.

Hoje, com o aprofundamento das investigações, muitos políticos estão atolados em pesadas denúncias de corrupção e lavagem de dinheiro. Há de tudo nesse emaranhado de corrupção, desde simples corrupção até venda de medidas provisórias de exoneração fiscal.

Somente na delação da empresa Odebrecht são políticos de 18 partidos, todos apanhados em um esquema pelo qual o dinheiro público era levado aos montes para satisfazer os anseios de suas excelências, não só nas campanhas políticas; muita coisa foi, segundo os delatores, recebida no exterior em contas não declaradas à justiça eleitoral, muito menos contabilizada em suas declarações de imposto de renda!

Nas delações de 77 executivos, são detonados Lula, Dilma e seus ministros Antônio Palocci e Guido Mantega. Revelam os delatores todo o esquema das palestras do ex-presidente Lula, esclarecem a questão da reforma do sítio atribuído a Lula. Falam das ajudas ao filho de Lula, Luis Cláudio, e ao sobrinho de sua primeira esposa, Taiguara.

Dizem que tudo foi um arranjo para agradar e remunerar o ex-presidente pela "ajuda" dada por ele nos projetos da empresa, tanto nos do Brasil, bem como naqueles do exterior, tudo com dinheiro do BNDES, para inacreditáveis projetos.

Os delatores afirmam que a ex-presidente Dilma Rousseff e Graça Fortes, ex-presidente da Petrobras, sabiam dos repasses de dinheiro para o PMDB e PT.

Essa confissão joga por terra as negativas da ex-presidente Dilma e a coloca no olho do furacão em Curitiba!

Marcelo Odebrecht também confirma a versão de que alertou Dilma, no México, sobre o perigo de as investigações da Lava Jato atingirem sua campanha em função dos pagamentos feitos aos marqueteiros João Santana e Mônica Moura, o que de fato aconteceu!

É claro que há uma negativa geral. Todos os apontados negam seus envolvimentos sob a alegação de que os delatores estão mentindo. Ocorre, no entanto, que os delatores apresentaram farta documentação comprobatória dos fatos alegados. Isso por si joga por terra as negativas genéricas dos acusados.

> É inacreditável a compra de diversos políticos pela Odebrecht. Parece tratar-se de uma grande banca de feira onde tudo está à venda. Nesse balcão não há limites, nem consciências, o que interessa é o dinheiro, que se dane o povo que os elegeu!

Há um evidente e claro descasamento entre os eleitos e seus eleitores. Os partidos, estes não existem, servem apenas como meio para alcançar os objetivos escusos.

Diante disso, como temos proposto, só nos resta uma alternativa, qual seja, a responsabilização judicial dos partidos, seus dirigentes e os beneficiários de dinheiro ilegal.

Aliás, a primeira ação dessa natureza foi proposta em Curitiba contra o PP, seus dirigentes e parlamentares. Entendo ser o único caminho para recuperar parte do dinheiro surrupiado dos brasileiros e, ao mesmo tempo, moralizar essa zorra em que se transformou a política no Brasil. Nessa ação, o Ministério Público Federal (MPF) pede o ressarcimento de R$ 2,3 bilhões.

Diante disso, fico imaginando quais serão as faturas do PT, PMDB, PSDB e os demais partidos, pois, afinal, até agora são 18 no total. Lembrando que estamos falando apenas das delações dos 77 executivos da empreiteira Odebrecht; portanto, faltam ainda muitas delações a ser reveladas.

O pedido de ressarcimento contra alguns dos acusados, pessoas físicas e empresas, protocolizado em Curitiba no mês de abril de 2017, pede a devolução aos cofres públicos de R$ 11 bilhões. Isso, além do ressarcimento aos brasileiros, oferece um caráter pedagógico aos demais desavisados, políticos e empreiteiros, que no futuro possam pensar em atentar contra o patrimônio do povo! Em futuro próximo, as ações de ressarcimento serão muitas. A nós fica a lição de que é melhor aprender com nossos erros e corrigir nossas ações no momento do voto, e, *a posteriori*, fiscalizar e acompanhar a evolução da execução dos orçamentos em todos os níveis de governo!

Semelhante ação também foi proposta no Rio de Janeiro em face de Sérgio Cabral, diversos colaboradores e empresas, todos, segundo a denúncia, envolvidos em desvios de dinheiro público!

No Rio de Janeiro temos uma situação muito difícil, que imagino não ser muito diferente da dos outros Estados, dada a tecnologia da corrupção que, ao que parece, foi compartilhada por todo o Brasil. No Rio, são tantas as acusações ao ex-governador Sérgio Cabral que, por vezes, em minha bestial inocência, imagino tratar-se daquele Cabral que descobriu o Brasil há mais de 500 anos, tantas as falcatruas atribuídas ao Cabral atual. Se verdadeiras as acusações, não haveria tempo em uma única vida para operar tantos esquemas de corrupção e toda ordem de esquemas complexos, todos visando à ocultação de dinheiro público.

Se comprovadas as acusações, essa figura pública deve apodrecer na cadeia, ou levar todos os seus companheiros de delinquência para a cadeia por meio de uma superdelação premiada.

Segundo as investigações, naquele Estado o envolvimento é geral, seis dos sete conselheiros do Tribunal de Contas do Estado foram presos, acusados de corrupção. Ora, se o fiscal está comprometido, quem fiscaliza quem neste estado de barbárie em que estamos vivendo?!

No âmbito federal, tenho imensa curiosidade em ver as delações dos marqueteiros João Santana, Mônica Moura e Duda Mendonça. Isso porque acredito que todo aquele dinheiro, por eles recebido, não foi para pagamento dos serviços prestados pelos marqueteiros. Deve haver um repasse para os contratantes, em suas secretas contas mundo afora, como forma de abastecer e prover suas ricas e futuras aposentadorias no exterior. É muito dinheiro para pouco trabalho.

> Nesse universo político no qual estamos vivendo não existem bobos nem meninos, apenas a reinante pequenez humana!

Devemos ter uma grande surpresa nesse quesito dos marqueteiros! Se é que podemos ainda nos surpreender com ardilosos artifícios preparados por essa classe política que, ao que tudo demonstra, esqueceu de seus compromissos, lançando-se em uma frenética competição de quem rouba mais.

> Pobre povo que não aprendeu a votar!

8

A compra de Pasadena

Este episódio configura um terrível capítulo de destruição do patrimônio da Petrobras.

> A compra da "viúva ruiva", como a refinaria é chamada pelos americanos, em razão da ferrugem que domina todo o complexo de Pasadena, foi um negócio que totalizou um prejuízo de US$ 792 milhões para a Petrobras.

Para entender este capítulo, descreveremos como se deu a transação, suspeita de evasão de divisas e superfaturamento.

A então ministra, hoje presidente afastada, Dilma Rousseff, exercia o cargo de presidente do Conselho de Administração da estatal na época do fechamento da transação; portanto, foi ela quem deu a palavra final sobre a aquisição.

A refinaria de Pasadena, no Texas, é uma unidade de refino de petróleo localizada no Houston Ship Channel, umas das vias navegáveis mais importantes dos Estados Unidos. Tem capacidade para refinar cerca de 120 mil barris de petróleo por dia, e entrou para o patrimônio da Petrobras em 2006, quando a estatal comprou 50% de suas ações.

No ano da compra, a Petrobras teria desembolsado um valor muito alto pela usina, o que originou no Brasil investigações de evasão de divisas e superfaturamento. A empresa belga Astra Oil pagou US$ 42,5 milhões por toda a refinaria em 2005, e, um ano depois, a estatal brasileira gastou US$ 360 milhões para ter apenas 50% das ações (US$ 190 milhões pelos papéis e US$170 milhões pelo petróleo que estava em Pasadena). Além dessa diferença, o custo total que saiu do caixa da Petrobras ficou muito maior, porque o contrato assinado por ambas as partes contava com uma cláusula (denominada *put option*) que prejudicaria ainda mais a estatal no futuro. Uma segunda cláusula, a Marlim, também foi motivo de desavença entre a Astra e a Petrobras.

Em 2008, a Petrobras e a Astra Oil se desentenderam, e uma decisão judicial obrigou a estatal brasileira a comprar a parte que pertencia à empresa belga. Assim, a aquisição da refinaria de Pasadena acabou custando US$1,18 bilhão à petroleira nacional, mais de 27 vezes o que a Astra teve de desembolsar na compra da refinaria.

A presidente Dilma afirmou, após a abertura de investigações pelo Tribunal de Contas da União (TCU), à PF e ao MP que só aprovou a compra dos primeiros 50% porque o relatório apresentado ao Conselho pela empresa era "falho" e omitia duas cláusulas que acabaram gerando mais gastos à estatal.

Na época da compra, em 2006, a estatal brasileira justificou a transação alegando que a empresa precisava expandir a quantidade de petróleo para atender principalmente ao mercado externo. Para justificar a aquisição, a companhia publicou em seu site que "a operação de compra está alinhada com o plano estratégico da Petrobras que estabelece, entre seus objetivos, consolidar-se como uma empresa integrada de energia, com forte presença internacional, expandindo as atividades de refino e comercialização, no país e no exterior, em sintonia com o crescimento dos mercados".

> Como demonstram as investigações da Operação Lava Jato, as irregularidades e a negligência imperaram na aquisição dessa refinaria. Não foi pela falta de instrução, os agentes ali envolvidos são bem preparados. Diferente de grande parte da população.

O Brasil tem 13 milhões de analfabetos (8,7% da população acima de 15 anos, os analfabetos funcionais somam 27%, segundo dados do Instituto Brasileiro de Geografia e Estatística – IBGE)[13] e, pelo desinteresse nas questões políticas, somos todos culpados pela insensatez de reeleger a presidente Dilma em meio a todas as denúncias de corrupção no seio do governo, cujas investigações em andamento no período de campanha eleitoral já demonstravam uma enorme contradição entre as afirmações da candidata ao Palácio do Planalto. Foi Dilma, na época presidente do Conselho de Administração da Petrobras, que aprovou a compra da "viúva ruiva" com o superfaturamento já citado.

---

[13] Disponível em: <http://www.ibge.gov.br/home/estatistica/pesquisas/pesquisa–resultados.php?id–pesquisa=40>. Acesso em? 18 maio 2017.

9

O financiamento das campanhas políticas

Os valores abaixo citados referem-se às declarações das chapas entregues ao TSE, porém, as apurações feitas no processo movido pelo PSDB contra a chapa Dilma-Temer revelam valores muito superiores aos declarados!

A campanha eleitoral de 2014, mesmo considerando a maquiagem nas declarações, ainda assim foi a mais cara da democracia brasileira. Com o país em plena recessão, registra-se que só com a reeleição da presidente Dilma foi gasta uma verba total de R$ 387 milhões. Desse montante absurdo de recursos, a cifra de R$ 89,9 milhões foi para o marqueteiro João Santana. Nessa mesma eleição, o candidato Aécio Neves (PSDB) gastou R$ 201 milhões em sua campanha.

Diante do que está acontecendo, o Brasil vivendo a pior crise econômica de sua história, esse fato parece surreal: o governo federal apontando um cenário maravilhoso de paraíso de prosperidade na campanha de marketing eleitoral, e escondendo da população a realidade da situação. O eleitorado comprou a ideia e garantiu a reeleição da presidente Dilma, mas em curto período a situação se transformou em um inferno sem escalas: desemprego, crise em toda a cadeia produtiva e falta de esperança.

Para espanto dos brasileiros, a Operação Lava Jato divulgou uma lista de doações da empreiteira Odebrecht com cerca de 300 nomes de candidatos de diversos partidos.

Neste material constam nomes e valores atribuídos a cada personagem. Sem emitir juízo de valor em relação à legalidade das doações, mas apenas com a finalidade de demonstrar as dificuldades do atual sistema de financiamento de campanhas políticas no Brasil, faremos uma pequena análise desse fato.

Agora, na delação dos 77 funcionários da empreiteira Odebrecht, vem à baila a história real das "doações" de campanha, em sua grande maioria fruto de acertos espúrios, envolvendo, inclusive, a venda de uma medida provisória de desoneração fiscal, cujo valor acertado foi de R$ 50 milhões em 2009.

Esse valor foi quitado na campanha da chapa Dilma-Temer de 2014. Isso demonstra o caráter criminoso de um sistema de poder instalado no Palácio do Planalto, cuja montagem e operação perduraram por mais de dez anos.

As dificuldades por que passa o país hoje é fruto inequívoco dessas práticas de vender favores em troca de vantagens pessoais, utilizando como moeda de troca para a obtenção de seus intentos a coisa pública, como a venda de medidas provisórias de desoneração fiscal e superfaturamento dos contratos públicos, sem, no entanto, se realizarem quaisquer estudos de impacto econômico e social.

Claro, o resultado não poderia ser outro, o caos econômico e consequente desemprego, com sua face mais cruel, a fome por que passam milhares de brasileiros e, em decorrência dela, o aumento exponencial da violência!

Boa parte dos 35 partidos políticos está de alguma forma envolvida nesse mar de lamas, quer pela participação direta nos fatos, como atores principais, quer pela omissão em fiscalizar e denunciar às autoridades as falcatruas ocorridas à luz do dia, ou na escuridão moral das consciências daqueles autores desse que foi o maior roubo de dinheiro público já ocorrido no mundo!

Conforme já defendemos alhures, hoje vemos com satisfação a primeira ação na qual se pede a responsabilização do PP, seus dirigentes e parlamentares, beneficiários do dinheiro sujo, envolvidos no desvio criminoso de dinheiro do erário. Essa ação deixará uma lição de que o crime não mais compensará no Brasil.

Essa mesma régua da justiça deve chegar ao PT, PMDB, PCdoB, PSDB, enfim, a todas as demais sopinhas de letras, cujo objetivo é um só: abocanhar um naco do dinheiro público, bem como deverá atingir todos os demais envolvidos nessa macabra combinação com vistas a saquear os cofres da nação, tenham eles sido eleitos ou não.

Com a finalidade de estabelecer um paralelo entre os gastos de campanha e a situação econômica do país, com base em dados divulgados pela operação Lava Jato, faremos uma análise e teceremos comentários a respeito dos valores envolvidos. Os nomes citados são de conhecimento público; aliás, incluem filiados de quase todos os 35 partidos políticos em atividade no Brasil.

Por intermédio da referida lista de doações às campanhas de centenas de candidatos, vemos que não é mais possível sustentar o modelo hoje adotado em nosso país. Essa empresa – Odebrecht –, sozinha, fez doações capazes de construir dezenas de escolas ou creches de que tanto precisamos. Qual é o segredo disso, por que essa imensa disposição em doar de forma indiscriminada a pessoas e partidos tão distintos?

> Essas doações seriam uma espécie de reserva de mercado? Qual o custo disso para o Brasil? O impacto desses valores nos futuros contratos é que nos levou à situação de caos em que estamos mergulhados? A corrupção como forma republicana de governo é o que existe de mais danoso ao desenvolvimento do nosso país.

As respostas a essas indagações vieram de forma clara nas delações premiadas dos 77 executivos da Odebrecht. A dinheirama não foi apenas para as campanhas. Ao que tudo leva a crer, boa parte desse dinheiro abasteceu contas secretas de diversos autores no exterior. Uma espécie de reserva particular para, quando o Brasil se tornar inabitável, estarem a salvo com suas fortunas em paraísos fiscais. Só não contavam com a Lava Jato!

10

Da estarrecedora delação da Odebrecht

Com a morte do relator da Lava Jato no STF, Ministro Teori Zavasks, ocorrida em um acidente aéreo em Parati, litoral do Rio de Janeiro, no final de 2016, a Ministra Carmem Lúcia, usando de suas prerrogativas de Presidente do STF, tendo em vista as férias forenses, homologou as delações dos executivos da Odebrecht.

No retorno das férias da Corte, para preencher esse importante e espinhoso cargo de relatoria foi sorteado o ministro Edson Fachin. Um pouco antes da sua posse na relatoria desse que é, sem dúvida, o maior escândalo de corrupção já visto no mundo. De acordo com as delações e as condenações já exaradas pela Justiça Federal do Paraná e do Rio de Janeiro, bem como todo o material colhido ao longo das investigações, o ministro Edson Fachin determinou a abertura de uma série de inquéritos no âmbito do Supremo Tribunal Federal e encaminhou para a primeira instância mais duas centenas de petições, nas quais anexa material para análise e possíveis inquéritos.

É de se ressaltar que a abertura de inquérito por si só não caracteriza culpa do investigado, até porque todos os investigados negam veementemente os fatos arrolados.

O que nos intriga, no entanto, é que na condição de delatores são réus confessos, tendo a comprovação dos fatos por eles informados como único meio eficaz para a obtenção dos benefícios da redução de suas penas. Tendo em vista que a alegação de que tudo que foi dito é mentira propalada por todos os acusados, *data venia*, não nos parece razoável que, diante da condenação certeira, em função de suas confissões, ainda assim possam os delatores mentir sobre referidos fatos.

A hipótese de mentir sobre os fatos confessados os tornaria réus confessos, podendo ser utilizados contra eles todos os fatos informados, sem, no entanto, obter qualquer benefício, o que é, de plano, desarrazoado acreditar serem falsas as informações por eles prestadas!

10.1. Dos desdobramentos das delações da Odebrecht

Com base nas delações dos 77 delatores da Odebrecht, o relator tomou as seguintes medidas, com vistas às apurações de tudo quanto foi informado pelos delatores: o ministro Edson Fachin, em recente despacho de abril de 2017, decidiu pela abertura de diversos inquéritos no âmbito do Supremo Tribunal Federal para apurar fatos relativos aos atores dos fatos que gozam de foro privilegiado.

Os demais casos, dentre eles os de dois ex-presidentes da República, Lula e Dilma, foram enviados para a primeira instância de Curitiba, dentre outros destinos, observados, nesse contexto, a conexão e o local dos supostos delitos praticados.

Lembramos que tudo isso se refere apenas às delações dos executivos da Odebrecht, restando ainda muitas empreiteiras a falar!

O relator determinou a abertura de 74 inquéritos em face de pessoas que têm prerrogativa de foro, o chamado foro privilegiado, ou seja, só podem ser julgadas pelo STF.

Com o fito de solucionar essa questão do foro privilegiado, tendo em vista que o STF, em sua concepção, foi criado e estruturado para julgar em última instância recursos oriundos de descumprimento de preceitos constitucionais, não possuindo, portanto, estrutura para formação de processos, seria o caso da criação de uma Vara Federal Especializada em Brasília para julgar os parlamentares e ministros com foro privilegiado, podendo, para essa Vara especializada ser transferido, por exemplo, um juiz com a especialização de Sérgio Moro – que atualmente no Brasil é o magistrado que mais entende de lavagem de dinheiro, conforme suas acertadas decisões na 13ª Vara Federal em Curitiba. Dessa feita, às excelências manteriam suas prerrogativas de foro, mas seus processos teriam a agilidade de Sérgio Moro, evitando, assim, a prescrição!

> Prescrição! O sonho de todos os políticos!

Todos os citados declararam que estão à disposição da Justiça. Só que não. Estão cobertos pelo véu da proteção de uma grande moita em que se transformou o descabido foro privilegiado, que, por qualquer ângulo que se veja, não coaduna com as acusações que são imputadas aos parlamentares e ministros. As acusações são muito graves, na verdade devastadoras, para dizer o mínimo!

10.2. Petições remetidas a Foros e Tribunais com retirada do sigilo (ausência de foro por prerrogativa de função no STF)

Foram encaminhadas a outras instâncias 201 petições para apreciação e provável instauração dos competentes inquéritos. A decisão sobre a instauração ou não de eventuais inquéritos para apuração dos fatos é de responsabilidade dos destinatários STJ e das Varas Federais nos Estados. São pessoas que não possuem a prerrogativa de foro no Supremo Tribunal Federal, e, portanto, conforme o caso, serão julgadas pelo STJ e Varas da Justiça Federal de primeira instância em diversos Estados, sendo alguns em Curitiba, com Sérgio Moro.

Dois inquéritos e 25 petições foram mantidas em sigilo pelo relator, ministro Edson Fachin. Isso se justifica devido às investigações em curso, podendo o levantamento do sigilo prejudicar as apurações!

11

As contas de campanha da candidata reeleita em 2014, Dilma Rousseff

O TSE aprovou com ressalvas a prestação de contas da campanha à reeleição à presidência de Dilma Rousseff do ano de 2014. Todos os sete ministros votaram com a mesma orientação. A regularidade das receitas e despesas efetuadas durante os quatro meses de disputa eleitoral foi questionada pelo PSDB e também por técnicos do próprio TSE, que defenderam a rejeição das contas.

> A Procuradoria-Geral Eleitoral e o próprio PT negaram problemas, dizendo que havia apenas erros formais que não levariam à desaprovação, em geral punida com a suspensão de repasses do Fundo Partidário.

Em um extenso voto, o relator do caso, ministro Gilmar Mendes, individualmente, analisou com questionamentos e, ao final, recomendou a aprovação das contas com ressalvas. Ele considerou que os problemas encontrados na prestação de contas não passavam de vícios formais, causados por erros técnicos. O ministro Gilmar Mendes também fez diversas sugestões para modificar as regras eleitorais a fim de que futuras campanhas não incorram nos erros cometidos, principalmente em relação à prestação de contas parciais, realizadas após o primeiro e o segundo mês de campanha. O voto pela aprovação com ressalvas foi seguido pelos ministros Luiz Fux, João Otávio de Noronha, Maria Thereza de Assis, Luciana Lóssio e Admar Gonzaga, e pelo presidente do Tribunal, ministro Dias Toffoli.

Em sua manifestação, o advogado da campanha de Dilma, Arnaldo Versiani, negou irregularidades. Em resposta a um dos questionamentos, disse que os prazos foram seguidos, especialmente no lançamento de despesas das prestações parciais enviadas ao TSE. Técnicos do órgão apontaram omissão dos dados.

Ao final do julgamento, o presidente do TSE, ministro Dias Toffoli, criticou os custos das campanhas no país, destacando a necessidade de mudar a forma de financiamento: "É fato que as campanhas eleitorais no Brasil estão cada vez mais caras. Comparadas com as últimas, estas eleições já têm 70% mais de gastos".

12

A cassação por abuso de poder econômico da chapa de Dilma Rousseff e Michel Temer

O julgamento da ação proposta pelo PSDB junto ao TSE, na qual se requer a cassação por abuso de poder econômico da chapa de Dilma Rousseff e Michel Temer, deve se arrastar até o final do mandato do presidente Michel Temer, isso com um custo de credibilidade muito grande para o próprio Tribunal Eleitoral, haja vista que a nova troca de um presidente a esta altura da crise no Brasil seria por demais desastrosa, e nos colocaria na berlinda em relação ao mundo.

Em razão disso, acredito que o Tribunal fará uma análise do processo, no entanto, sem perder de vista seu proveito econômico para a sociedade, já demasiadamente castigada pelos autores dos fatos, inclusive, como se descobre agora pelos próprios autores do processo, o PSDB.

O que assombra nesse caso é que se descobre que o abuso de fato ocorreu, porém, o abusado foi o povo, porque o dinheiro em questão é nosso! Não fomos consultados disso. Diante dessa situação, é forçoso lembrar da música dos saudosos Mamonas Assassinas, que diz o seguinte: "(....) Nesse raio de suruba, já me passaram a mão na bunda e ainda não comi ninguém"!

> Diante desse quadro de desgraças em que nossos mui dignos representantes políticos nos colocaram, fica uma inquietante pergunta: até quando agiremos como gado a caminho do matadouro, de cabeças baixas, seguindo rumo ao abate, sem reclamar fortemente?

Ou vamos continuar, como muitos, à espera de que alguém resolva nossos problemas, ou ainda, como querem alguns desavisados, que os militares assumam esta bagunça em que se transformou o Brasil. Por razões óbvias, isso não vai acontecer!

Voltando ao voto do ministro Gilmar Mendes, ele constatou que as propagandas na TV e no rádio, por exemplo, poderiam ter um custo menor, com "menos pirotecnia", e que seria preciso estabelecer, em lei, um teto de gastos, o que atualmente não existe. "Só nas campanhas de Dilma e Aécio foram gastos R$ 573 milhões", citou o ministro. Sem dar nomes, disse que uma única empresa fez doações no valor de R$ 353 milhões para um conjunto de candidatos. O ministro Toffoli deu sugestões, como estabelecer tetos de gastos e prestação de contas exclusivamente pela internet, além de cobrar maior transparência.

Entre os problemas identificados por técnicos do TSE nas contas de Dilma, o menos grave, classificado como "impropriedade", apontou falta de documentação para registrar a arrecadação de R$ 18,3 milhões (5,22% do total), registrada como "doações estimadas" (quando um doador colabora com um bem ou serviço). A defesa de Dilma atribuiu o problema ao sistema eletrônico de prestação de contas.

Em seu parecer, a Procuradoria-Geral Eleitoral apontou erros técnicos ao computar duas vezes alguns valores. Além disso, afirmou que parte dos valores estava declarada em nome dos diretórios estaduais do partido. Considerou, por isso, tratar-se apenas de "erros formais", que não causam desaprovação das contas.

O grupo técnico do TSE havia apontado como "irregularidade" (problema mais grave) a não identificação da origem de outros R$ 13,6 milhões arrecadados. A Procuradoria verificou que se tratava, novamente, de dinheiro repassado por diretórios estaduais do PT e que a falha foi destes, por não informar a doação. Também considerou haver apenas erro formal no caso pelo fato de ter faltado a assinatura do diretório.

Em outro ponto, o ministro Gilmar Mendes considerou que, na reta final da campanha, cerca de R$ 10 milhões foram gastos de maneira não autorizada pelo TSE, pois os valores totais ultrapassaram o limite inicialmente informado (R$ 298 milhões). Posteriormente, o Tribunal autorizou a ampliação do teto para R$ 383 milhões. O ministro defendeu a aplicação de multa, mas disse não ser possível tal punição pelas regras atuais.

O ministro também analisou a quantia devolvida pela campanha de Dilma pelo uso do avião presidencial para suas viagens, no valor de R$ 5 milhões. Ele diz ser impossível verificar a exatidão do valor em razão de o partido não saber exatamente o número de viagens realizadas.

Em relação aos gastos, os técnicos do TSE haviam apontado outras irregularidades no valor de R$ 48,5 milhões. Desse valor, R$ 30,5 milhões, segundo o grupo, não foram informados na primeira nem na segunda prestação de contas (realizadas após o primeiro e o segundo mês de campanha), embora tivessem sido gastos em datas anteriores, tendo sido declaradas apenas na prestação final, após o segundo turno.

O PT argumentou que as despesas não foram declaradas à época porque o pagamento não havia ainda sido efetivamente feito e que uma parte das despesas foi efetivamente inserida na segunda prestação. A Procuradoria não viu irregularidade, sob o argumento de que a informação ao TSE deve ser da movimentação financeira, e não da contratação do serviço.

> Com as delações premiadas no âmbito da operação Lava Jato, os delatores afirmam categoricamente em seus depoimentos que a candidata sabia da origem das doações, fruto de desvios ocorridos em órgãos públicos, cuja origem é superfaturamento de serviços e obras.

Isso também fica claro nos acordos de leniência assinados por empresas. As doações foram feitas de modo aparentemente legal e realmente foram declaradas à Justiça Eleitoral, porém, a origem do dinheiro configura desvio de recursos e corrupção na Petrobras.

Diante de toda essa lambança com o dinheiro público, em relação à campanha presidencial, é importante questionar:

1. Como convenceram os "investidores" a desembolsar esse volume exorbitante de recursos para tamanha gastança? Quais as promessas feitas em relação ao retorno do "investimento"? Isso foi antecipado, em se tratando de reeleição, ou seria para reembolso futuro? Por meio de contratos superfaturados?

2. A soma dos salários de um presidente ao longo de quatro anos de mandato é de aproximadamente R$ 1,392 milhão, se considerarmos a remuneração de R$ 29 mil por mês. Esses valores não batem, pois, em 48 meses de governo, apenas para recuperar os R$ 387 milhões gastos em sua campanha, Dilma teria de ganhar R$ 8.291.666,66 milhões por mês. Diante disso, conclui-se que alguma espécie de matemática inversa atua em nosso sistema eleitoral.

2.1. Por meio de uma análise simples, quem apostaria tanto dinheiro em uma loteria para, se premiado, receber 0,3%, ou seja, menos de 0,5% do valor apostado? Os milagres começam a vir à tona por meio de contas secretas em diversos cantos do mundo. Gastos milionários, absolutamente incompatíveis com os ganhos oficiais. Esse cenário aponta que, além da montanha de dinheiro gasto nas campanhas, outra parcela é desviada para contas secretas em paraísos fiscais. Talvez esse fato justifique a realização de eleições no Brasil a cada dois anos, o que gera as chamadas "sobras não oficiais de campanha". Negócio lucrativo esse!

O único prejudicado é o eleitor, porque vemos os cofres públicos sumirem por meio de artifícios inconfessáveis, ou seja, o nosso bolso fica cada vez mais vazio!

3. Qual a origem desses recursos? Quais os interesses e quem investe esse montante em uma campanha? Também sabemos que os interessados investem nos principais candidatos em disputa, não apenas naquele que vence a eleição.

Esses valores saem dos cofres públicos por meio de pirotecnias, desvios rotineiros de dinheiro praticados por políticos corruptos e seus corruptores. Esse dinheiro volta às campanhas como doações legais, declarados à Justiça Eleitoral, porém, sua origem é criminosa, já que advém de acertos escusos e pela engrenagem da corrupção, conforme denunciado pelos próprios participantes do esquema. Boa parte desse dinheiro alimenta contas secretas dos políticos, como forma de uma espécie de aposentadoria futura, também usado para alimentar seus sonhos de príncipes das trevas, como tem ocorrido, por meio da gastança de dinheiro mundo afora, como se não houvesse o amanhã!

4. Outro detalhe que chamou a atenção: o ex-prefeito de São Paulo, Fernando Haddad, também do PT, gastou com o marqueteiro João Santana, na campanha de 2012, R$ 39,3 milhões de um total R$ 67.980 milhões.[14]

Acreditamos que é só no Brasil que o publicitário de marketing político recebe essa fortuna! Pode-se comparar esse profissional ao ventríloquo que manipula seu boneco, personagem presente em circos e outros locais para divertir as pessoas. Os marqueteiros Mônica Moura e João Santana receberam dinheiro sujo nos paraísos fiscais, como demonstram as investigações da Operação Lava Jato. Quanta evolução!

Com o avanço das investigações são descobertos outros números da campanha presidencial de 2014. Os antes declarados gastos de campanha da chapa Dilma-Temer, de R$ 297 milhões, na realidade chega a um pouco mais de R$ 900 milhões, segundo apurações do TSE no processo movido pelo PSDB.

Existem fundadas suspeitas de que quase todo o dinheiro da campanha tenha origem em corrupção, embora parte dele declarada oficialmente à Justiça Eleitoral na prestação de contas de campanha.

[14] www.tre-sp.jus.br

Na chamada *delação do fim do mundo*, já homologada pelo Supremo Tribunal Federal, 77 executivos da empresa Odebrecht declararam que a candidata Dilma tinha conhecimento de que os recursos "doados" a sua campanha de 2014 eram fruto dos desvios ocorridos na Petrobras, e, mais, que parte dos recursos, R$ 50 milhões, é oriunda da compra feita pela empresa de uma medida provisória de desoneração fiscal em 2009, ainda no governo Lula, cujos valores não foram utilizados na campanha de 2010. Ficaram pendentes como crédito para ser utilizados na campanha seguinte, ou seja, em 2014.

Nos dias atuais, todos os ex-tesoureiros do PT estão presos na Operação Lava Jato. Entre eles, Delúbio Soares e João Vacari, dentre outros encrencados nesse processo de arrecadação de dinheiro de propina disfarçado de doações legais.

O ex-deputado Eduardo Cunha, ex-presidente da Câmara dos Deputados, saiu do Parlamento para a cadeia, em Curitiba, arrastado em um mar de denúncias de corrupção e lavagem de dinheiro. Sua primeira condenação na Lava Jato em primeira instância foi de 15 anos e 4 meses de prisão. Pesa ainda sobre ele uma série de processos, que deverão ser julgados nos próximos meses.

São vários os ex-deputados presos, André Vargas, Pedro Correia e outros, todos apanhados em maracutaias envolvendo dinheiro público.

O ex-presidente do Senado, Renan Calheiros, responde a oito inquéritos no STF, bem como vários outros senadores, inclusive Eunício Oliveira, atual presidente do Senado. Tudo isso nos leva a uma triste conclusão: foi montada uma organização criminosa no Brasil, que envolve membros do Executivo e do Legislativo.

Segundo dados divulgados pela imprensa, na delação chamada *fim do mundo*, da empreiteira Odebrecht, também são citados 13 governadores atuais, além, é claro, de diversas outras figuras políticas em exercício do mandato popular.

No Estado do Rio de Janeiro, em um desdobramento da Lava Jato, a operação *Calicute* prendeu o ex-governador e sua mulher, a advogada Adriana Anselmo. Cabral está atualmente preso em Bangu 8, acusado de pesados desvios de dinheiro dos cofres públicos. Até agora, R$ 300 milhões já foram recuperados e devolvidos pela Justiça ao governo do Estado.

São tantas as acusações sobre Cabral, que chego a imaginar que seja ele aquele Cabral que descobriu o Brasil, pois, se tudo que pesa sobre ele for verdade, ele precisaria ter muito mais de 50 anos para arquitetar e executar tanto malfeito.

Com ele também foram presos vários auxiliares do seu governo, como ex-secretários e funcionários graduados.

Também no Rio de Janeiro, a operação *Saqueador* prendeu o dono da construtora Delta, Fernando Cavendiche, acusado de um suposto grande esquema de corrupção também com o suposto envolvimento do ex-governador Sérgio Cabral.

Os ex-ministros da Fazenda de Lula e Dilma, Guido Mantega e Antônio Palocci, também foram presos. Mantega, por estar naquele momento com sua esposa internada, ficou só um dia, sendo liberado em seguida, respondendo em liberdade os processos. Palocci, permanece trancado em Curitiba, pelos mesmos motivos que os tesoureiros petistas. Todos apanhados na operação Lava Jato.

Em um desdobramento da Lava Jato no Rio de Janeiro foi condenado a 40 anos de prisão, por corrupção passiva e lavagem de dinheiro, o engenheiro Othon, diretor da Eletro Nuclear, acusado de recebimento de propina na construção da usina nuclear de Angra 3.

Na operação *Zelotes* avolumam-se os casos confirmados de desvio de dinheiro público, milhões de reais entregues a pessoas ligadas à administração pública, por vezes em consórcio com aqueles que deveriam fiscalizar a aplicação dos recursos do orçamento.

> Essa terrível confusão entre público e privado levou o Brasil a uma crise moral, e, pelos contornos políticos, em que boa parte da Câmara e do Senado se vê envolvida em pesadas denúncias de corrupção e lavagem de dinheiro, há uma profunda crise econômica e social.

Muitos ministros do atual governo (2015) também estão às voltas com pesadas acusações de participação em negócios ilícitos.

A crise econômica por que passa o Brasil é fruto de desvios de conduta da classe política. Ao fazer arrecadação de dinheiro para suas pesadas campanhas políticas, por vezes utilizaram de artifícios criminosos para obtenção de seus objetivos.

Com tal conduta, nossos representantes, tanto membros do executivo quanto do legislativo, jogaram por terra todo um ganho de credibilidade acumulada pelo país em décadas passadas. Com isso, perdemos o grau de investimento e deixamos de ser um local seguro para os investidores, em que pese o fato de nossas instituições estarem funcionando, o que é muito bom para a recuperação lenta e gradual dos investimentos.

O rastro de destruição deixado pela corrupção é desalentador, com um custo terrível para toda a sociedade brasileira.

Com o aprofundamento das investigações, certamente não sobrarão 30% dos políticos hoje em atuação no Brasil. Dos que restaram, um bom número foi esquecido por alguém em suas delações, tamanha a malha de corrupção montada em todas as esferas da administração pública. Mas, pelo que revelam as investigações, essa nefasta prática permeia também pesadamente o poder Legislativo; este deixa sua função precípua de fiscalizar a execução do orçamento e se associa ao Executivo por meio da ocupação dos seus cargos, deixando um vazio na função do fiscal.

Atordoados, os brasileiros viram recentemente, no Estado do Rio de Janeiro, seis dos sete ministros do Tribunal de Contas daquele Estado irem para a cadeia acusados de corrupção para aliviar malfeitos na administração pública, exatamente o que deveriam evitar!

Isso nos remete àquele fato de que estamos falando há algum tempo: não pode o governante nomear o seu fiscal. Esse fato ocorre em todos os Tribunais de Contas no Brasil, e também nos tribunais superiores, STJ e STF. Tal situação também ocorre nos Tribunais Estaduais (TJ).

O Brasil possui hoje cerca de 25 milhões de desempregados. Os números que são medidos pelo IBGE referem-se apenas aos que procuraram emprego nos últimos 30 dias, sendo que a maioria, já desempregada há mais de um ano, não possui recursos para custear o transporte para tentar uma recolocação no mercado de trabalho! Tudo isso é fruto direto da má conduta desses senhores, que, com suas ganâncias, além de roubar os cofres da nação, roubaram também o sonho e o futuro de diversas gerações de brasileiros!

São eles (os políticos) os responsáveis por milhares de mortes que ocorrem diariamente nas filas de hospitais ou perambulando em busca de simples exames no Brasil. Por vezes, quando a consulta é agendada, o paciente já faleceu há meses. Isso tudo é normal em um mundo de fantasias em que vivem nossos políticos.

13

Marketing político e a arte dos ventríloquos

Quando criança, no final da década de 1960, na cidade de São José da Safira, nos confins de Minas Gerais, conheci um pequeno circo, cuja principal atração era a apresentação de ventríloquos com seus bonecos. Bons tempos...

Aqueles bonecos eram superengraçados e divertiam a todos. A curiosidade de todas as crianças era descobrir o segredo deles. O espírito investigativo, meu e de alguns colegas, nos levou a bisbilhotar o armário do manipulador dos bonecos. Para nossa surpresa, os bonecos encontravam-se guardados em um armário velho, dentro de sacos de açúcar usados. Descobrimos que eles não tinham vida nem falavam!

Atualmente, o show dos ventríloquos e seus bonecos transformou-se em um sofisticado espetáculo midiático, transmitido diariamente pela televisão por um período de 90 dias. O teor das apresentações assume proporções dramáticas porque, após o show, os bonecos modernos não terão como destino um saco de açúcar escondido em um armário velho. Mesmo sem cérebro, esses títeres ganham vida artificial e ocupam posições estratégicas em prefeituras, governos estaduais e até na presidência da República.

O espetáculo midiático causa despesas milionárias. O último boneco colocado na presidência da República nos custou R$ 89,9 milhões.

Esse montante é apenas o valor do trabalho da dupla de manipuladores dos ventríloquos de bonecos João Santana e sua esposa, Mônica Moura, que foram presos em Curitiba, no Paraná. Embora o povo não tenha comprado os ingressos, ainda assim a pesada conta chegou para cada um de nós!

O caos social que vivemos é fruto dessa pirotecnia política, em que transformam o inferno em paraíso em seus shows espetaculares, para, então, após a eleição, nos apresentar a fatura!

Livres da preocupação de lidar com os "postes bonecos"[15] eleitos pelas brilhantes campanhas milionárias, os magnatas do marketing político criam um paraíso de ficção e depois simplesmente saem de cena. Essas criaturas, na vida real, assim que assumem o poder, logo deixam transparecer um amontoado de incompetências em suas ações desconexas para dialogar com os poderes Legislativo e Executivo e com a sociedade, o que levou o país à maior crise brasileira de todos os tempos.

Um exemplo do que agora descrevemos é o episódio da abertura da Assembleia Anual da Organização das Nações Unidas (ONU), em 2016, em que o boneco que representa o Brasil engasgou e ficou perguntando coisas desconexas; por exemplo, se alguém sabia como estocar vento!

Assim, de boneco em boneco, permanece a nossa vergonha de cada dia, bem como a ausência de governo, pois os bonecos não estão preparados para isso. Após serem colocados nos mais altos postos de comando do país, não sabem o que fazer. São vazios de ideias e de ação. Mas logo aparece a solução na mão de alguém com uma ideia maravilhosa, sempre envolvendo uma montanha de dinheiro público. E assim nasce mais uma perna da corrupção no Brasil.

---

[15] Jargão usado no meio do marketing eleitoral para definir um candidato inexpressivo ou de acordo com os interesses do alto clero político.

> Um país de dimensões continentais governado por amebas não terá futuro!

Essa prática de gastar rios de dinheiro em campanhas políticas milionárias se repete a cada dois anos em todo o país, em cada Estado da Federação e nos 5.570 municípios brasileiros. A Justiça Eleitoral ainda não terminou de finalizar o processo da última eleição e já começa os preparativos para a próxima. A conta dessa maratona e dos gastos dos candidatos é paga pelo bolso do contribuinte e também por verbas de financiamento público, resultantes de desvios de dinheiro em maracutaias políticas.

14

Colarinho-branco e o envolvimento do empresariado

Muitos brasileiros morreram e estão morrendo em busca de um atendimento nos hospitais deste imenso Brasil. E tudo em vão, pois o dinheiro necessário para lhes aliviar a dor foi roubado por esses inescrupulosos senhores.

Pensamos que tudo isso deve ser atribuído a alguma condição privilegiada de Brasília. Talvez a água, ou quem sabe o ar de Brasília provoque tanta sorte. Faz nascer doadores de milhões de reais em campanhas, presentes das mais variadas formas; enfim, todo tipo de felicidade é desfrutado pelos ocupantes dos poderes desta nossa República hoje ocupada por diversos ladrões, segundo as investigações já finalizadas (mensalão), e as em curso, Petrolão e outras.

Povo de muita sorte! Recebe presentes milionários, de doadores anônimos, tudo pago em moeda corrente, sem recibo nem rosto. Isso era o que imaginavam os sonhadores desvairados. Hoje, os rostos começam a se desenhar no horizonte das investigações do MP e da PF. Quem sabe, quando se formar a imagem completa, não tenhamos uma grande surpresa em relação a quem são os comandantes dessa pocilga toda. Tudo é possível. Façam suas apostas!

Ou, quem sabe, tudo isso seja mentira ou fruto da imaginação de algumas garrafas, ou seja, após beber muitas, a pessoa começa a pensar que o país é dela, e que ela não é representante do povo, *o povo*, esse povo pobre. "Dou-lhes alguns trocados. Eles são apenas meus servos.

Como rei, faço o que quiser com o meu dinheiro." E, então, começam os devaneios que beiram as raias da loucura.

> Com certeza, seus familiares estão passando muita vergonha em seu convívio social. Mas eles, os bandidos de colarinho-branco, não pensaram nisso quando intentaram sua empreitada criminosa, um verdadeiro ataque ao erário brasileiro.

Esse presente que os senhores deram aos seus filhos é pesado, porém, ínfimo perto dos cerca de 25 milhões de desempregados no Brasil, da corrupção intentada pelos senhores, cujos filhos não têm o que comer. Já os seus pimpolhos estão comendo bem, pois o produto do roubo por vossas senhorias praticados os alimentará por 100 ou 200 anos. O difícil será a consciência de que os senhores ajudaram a destruir uma nação inteira.

Que eles tenham longas penas.

Nós, a sociedade brasileira, que não cometemos nenhum crime, já estamos cumprindo nossa pena. Nesse momento, já temos 25 milhões de desempregados. Milhares de micro, pequenas e médias empresas fechadas. Outras centenas de milhares agonizando, sentindo seus últimos suspiros, antes de cerrar as portas. Uma taxa de juros exorbitante. A nota de crédito do país, o chamado grau de investimento, não existe mais, e com ela os investimentos também sumiram.

> Saibam que tudo isso é culpa exclusiva dos senhores. Políticos corruptos e corruptores, um não existe sem o outro. Não importa a ordem de quem convidou quem, são todos culpados pela ganância, pela imperícia no trato da coisa pública.

Que Deus tenha piedade de nós. Que os senhores paguem aqui todos os seus pecados, e, pela crueldade de seus atos, queimem na fogueira do inferno por toda a eternidade.

Os milhares de trabalhadores e seus filhos que hoje choram a falta de comida na mesa. A população morrendo nos corredores dos hospitais deste imenso país, onde falta tudo. É tudo culpa dos senhores. Bandidos de colarinho-branco.

Saibam que os senhores são os piores criminosos deste país. Desfrutam toda a riqueza legalmente conquistada. Ainda assim, julgam-se no direito de roubar, sem dó nem piedade, de um povo humilde, trabalhador, cumpridor de suas obrigações e que sonha com dias melhores.

Os senhores certamente terão um longo período para refletir na cadeia. Ou fora dela. Suas consciências não ficarão em paz. Cada choro de fome daqueles desvalidos, dos quais os senhores roubaram, há de ser ouvido por vocês. Bandidos de colarinho sujo do sangue dessa gente que vocês mataram. Parabéns aos senhores, como ladrões se superaram.

Uma mistura de "autoridades" do crime, composta por membros do Executivo e do Legislativo em um conluio com empresários desonestos jamais visto no mundo.

Roubar dessa pobre gente que quase sempre não tem o que comer, enquanto vocês comem caviar. Agora, roubam-lhes também a esperança e sua dignidade, restando apenas a esperança de um novo recomeço. Após a saída do PT do governo, haverá o processamento e a prisão dos culpados.

Após o apocalipse provocado na vida desse povo humilde, patrocinado por um governo sujo, com toda sua arrogância, aliado a parlamentares corruptos e empresários bandidos, todos apanhados roubando à luz do dia, acobertados pela escuridão moral de suas consciências, esse povo humilde segue seu martírio de cada dia e, apesar das adversidades, mantém a esperança de dias melhores.

Roubam dinheiro da transposição do rio São Francisco, da ferrovia Norte-Sul... Enfim, se houver uma freira atravessando a rua um pouco distraída, os senhores são capazes de bater-lhe a carteira.

Aqui fica o registro de que os funcionários de uma das empresas pilhadas pelos senhores, os funcionários honestos da Petrobras, nada têm a ver com isso. Eles também são vítimas de diretores ladrões indicados por políticos. Nomeados por um executivo sob forte suspeita de ser o comandante *in chef* de toda roubalheira praticada contra essa empresa brasileira.

> Que esses homens e mulheres de bem tenham coragem. Mantenham a dignidade que sempre pautou suas vidas e norteou seu comportamento ético no trabalho. Confiem e colaborem com a Justiça. Vamos salvar essa empresa. O Brasil e os brasileiros de bem precisam de vocês.

Os canalhas passam, o Brasil continua. A Petrobras, criada há mais de 60 anos como nosso maior orgulho, foi durante muito tempo a maior empresa brasileira, pujante, volumosa e eficiente.

Agora, quebrada por uma administração corrupta, agoniza, como também agonizam as dezenas de cidades que dela dependem.

Nada disso seria possível sem o aval dos ocupantes do Planalto. São bilhões de reais, dinheiro desviado à luz do dia. Os ocupantes do Palácio do Planalto não estavam dormindo! Muito pelo contrário, de olhos bem abertos, mirando as riquezas da nação.

Alguém lá de dentro certamente deu a ordem para roubar!

Os Estados produtores de petróleo hoje também estão quebrados. Porque, iludidos com o sonho dos eternos e volumosos *royalties* do petróleo que recebiam, não se industrializaram. Com o fim do sonho do dinheiro abundante e fácil estão de chapéu na mão, em busca de socorro do governo federal.

O governo federal, por diversos "ERROS", medidas provisórias pontuais de desoneração fiscal, sem a análise do impacto disso no orçamento do país, como hoje se sabe, se autofaliu, por conta da péssima administração nos últimos 13 anos de governo do PT.

É preciso muita imperícia para destruir uma economia saudável como estava a nossa em um passado recente. Além dos já citados desvios de dinheiro, e certamente de outros rombos que ainda não vieram à tona, houve a incompetência como companheira rotineira desses despreparados governantes nos últimos 13 anos.

> É preciso repensar os critérios de credenciamento de um candidato à Presidência da República. Bem como merece uma profunda reflexão a qualidade dos eleitores aptos a votar.

Entendemos que deve haver requisitos mínimos para alguém se candidatar à Presidência da República, bem como os eleitores não podem ser analfabetos, pois, infelizmente, nessa condição, ficam prejudicados em sua capacidade de entendimento do quadro político, e votar nessas condições é como andar de olhos vendados à beira de um penhasco.

Empreiteiros – Marcelo Odebrecht já é dos grandes empreiteiros condenado na Lava Jato pelo juiz Sérgio Moro. Até então, já haviam sido condenados os membros da cúpula das empresas Mendes Junior, OAS, Galvão Engenharia, Engevix e Camargo Corrêa. A maioria dos executivos se afastou do cargo após se tornar alvo da Operação.

Pecuarista – O MPF apontou que, em 2004, o Banco Schahin concedeu empréstimo de R$ 12 milhões a José Carlos Bumlai. O destinatário real seria, no entanto, o PT. Em tese, o empréstimo deveria ter sido pago até novembro de 2005, o que não ocorreu. Em depoimento à PF, em dezembro de 2015, o pecuarista confessou que houve fraude na quitação do empréstimo. Disse também acreditar que o dinheiro serviria para pagar dívidas de campanha eleitoral em Campinas (SP) e para o caixa dois do PT.

O montante de R$ 12 milhões foi sendo corrigido para incorporar os encargos não pagos. Os valores foram quitados na sequência, depois de o Banco Schahin conceder empréstimo de R$ 18 milhões à Agrocaieras, empresa do próprio Bumlai. Os valores do novo empréstimo, que ultrapassaram R$ 20 milhões, seguiram sem pagamento até janeiro de 2009, quando foi feito um contrato de venda de embriões de gado bovino das fazendas de Bumlai para empresas do Grupo Schahin. Para a força-tarefa da Lava Jato, contudo, a dívida foi paga com a contratação do grupo para operar o navio-sonda Vitória 10.000 da Petrobras.

Outra investigação da Lava Jato, envolvendo o nome do pecuarista José Carlos Bumlai, recaiu sobre o sítio Santa Bárbara, em Atibaia (SP), frequentado por Lula e familiares. Segundo o MPF e a PF, Bumlai e as empresas OAS e Odebrecht custearam uma reforma e a aquisição de móveis para a propriedade rural.

Nunca poderíamos imaginar que os maiores empresários deste país seriam ingênuos o suficiente para ser cooptados por um esquema criminoso dessa magnitude. Topar uma empreitada maldita dessas! Aceitar participar do maior esquema de corrupção já montado no mundo? Quais os mentores? Membros do governo ou os empresários? Essa bestialidade tem que ter pai(s)!

Como é caprichoso, o destino quis que eles cruzassem o caminho de um brasileiro destemido. Homem, no sentido estrito da palavra. E, hoje, boa parte deles encarcerada em uma cadeia em Curitiba deve ter tempo suficiente para refletir sobre seus atos.

Estamos falando de grandes conglomerados empresariais, embora um ou outro picareta só tenha aparecido e feito fortuna dentro desse maldito esquema criminoso. O chamado "Clube do Bilhão" é fruto dessa operação, é o bem da vida de todo bandido: o dinheiro. Este era carinhosamente chamado de "pixuleco" por um dos autores da farsa: o encarcerado tesoureiro do PT, João Vaccari Neto.

Sim, João Vaccari Neto, o mesmo que presidiu e quebrou a Cooperativa Habitacional dos Bancários de São Paulo (Bancoop). Cerca de 8,5 mil famílias sofreram prejuízos desse esquema fraudulento. Desse total, mais de 3 mil nem chegaram a receber os imóveis construídos pela entidade. Nenhum dos envolvidos esclareceu sobre um fundo de pensão no valor de R$ 43 milhões que foi captado junto aos cooperados, e por que nada foi construído com esse valor. Mas as investigações do MP apontam para desvio de recursos, superfaturamento e lavagem de dinheiro. O dinheiro desviado alimentou as contas das campanhas do PT. Segundo investigações do MP de São Paulo, somente seus amigos foram beneficiados, em um dos edifícios vendidos aos sócios, o Condomínio Solaris, no Guarujá, dentre eles, segundo a imprensa, o maior de todos os petistas, o ex-presidente Lula.

Lá também se encontra, segundo matérias dos jornais, o empresário da área de segurança e ex-assessor do ex-presidente Lula, Freud Godoy, um dos aloprados de um episódio recente de compra de dossiê falso contra o tucano José Serra, em disputa eleitoral no Estado de São Paulo, dentre outros graduados do partido.

O fato curioso, que salta aos olhos, que até um cego que ouve "pode ver", é que esse imóvel foi cuidadosamente reformado pelo mesmo amigo que reformou outro, um magnífico sítio, também sem dono, em Atibaia (SP). Nesse caso, trata-se de uma propriedade bem mais valiosa, um sítio enorme, muito bem equipado, com todos os mimos que o padrão de vida de um milionário tem, mas sem dono!

Lembramos, em passado recente, do deputado João Alves, membro da Comissão do Orçamento do Congresso Nacional. Pilhado roubando, disse ter acertado na loteria milhares de vezes. Por isso, devido à enorme sorte, estava milionário. Povo de muita sorte! Recebe presentes milionários, de doadores anônimos, pagos em moeda corrente, sem recibo, sem rosto. Era o que imaginavam os sonhadores desvairados. Hoje, os rostos começam a se desenhar no horizonte das investigações do MP e da PF. Quem sabe, quando se formar a imagem completa, não tenhamos uma grande surpresa em relação à identidade dos comandantes deste espetáculo de luxo. Tudo é possível. Façam suas apostas!

O difícil é acreditar que os maiores empresários do Brasil, entre eles alguns dos mais poderosos do planeta, tenham sido seduzidos pelo canto de sereia. Talvez por ganância, podemos nos indagar, ou será pela sede de poder? Isso porque, mesmo se vivessem 500 anos, não conseguiriam gastar o que já possuíam à época do "convite" para integrar o Clube do Bilhão.

Para que cessassem suas atividades criminosas foram presos por ordem do Juiz Sérgio Moro. Encarcerados em celas da cadeia pública do Paraná, ou em casa usando um adorno indesejado, a tornozeleira eletrônica, certamente terão muito tempo para refletir sobre a absurda ideia de garrafas,[16] fruto do delírio de algum maluco com mania de grandeza. Com certeza seus familiares passam vergonha em seu convívio social. Mas eles, os bandidos de colarinho-branco, não pensaram nisso quando sua empreitada criminosa desferiu um verdadeiro ataque ao patrimônio nacional. Seus filhos herdarão esse pesado legado, porém ínfimo se comparado à destruição de valores de vida de milhões de desempregados. Com sua ganância, roubaram o sonho e o futuro de várias gerações de brasileiros. Se é que têm consciência, certamente ela pesará um dia.

> Quem sabe, nesse momento, vocês ouvirão os gritos de sofrimento dos corredores e das filas dos hospitais, da fome de que padecem muitos desvalidos cuja fonte de rendimento, que era seu trabalho, foi sorrateiramente tirada pela atitude covarde dos senhores, homens bem preparados, e, portanto, conscientes de suas responsabilidades perante a nação.

Colarinhos-brancos, porém, com mãos sujas do sangue daqueles que, sem socorro, pereceram, pois o dinheiro para socorrê-los, os senhores roubaram, junto com os sonhos do povo em geral: comida, habitação e remédio. Os senhores sonham com iate novo, mansões e contas secretas abarrotadas com dinheiro sujo, enquanto usurpam a população, que é a força de trabalho deste país.

Nesse cenário de usurpação, o resultado: ter na presidência da República um cidadão despreparado intelectualmente certamente não estabelecerá uma boa relação com um mundo cada vez mais globali-

[16] As grandes ideias surgem depois de muita bebedeira.

zado e competitivo. Salvo raras exceções, será tratado como bobo da corte. O que, por extensão, nos transforma em uma nação de bobos da corte. Ou, ainda, naquela república das bananas já propalada em um passado não tão distante.

Existe um velho ditado que diz: "Em terra de cegos, basta dizer que está vendo". Os outros, que nada veem, logo acreditam, muito embora o esperto também seja cego. Nessa cegueira estamos nós, mesmo enxergando muito bem.

15

Da necessidade de mudanças

De caráter pacífico, as manifestações ocorridas no ano de 2016 e em 13 de março de 2017, em todo o país, revelaram o clamor por mudanças estruturais pontuais e rápidas nas instituições e no modelo político vigente. Os institutos de pesquisa revelaram que os protestos que pediram o impeachment da presidente Dilma e a prisão do ex-presidente Lula, investigado pela Operação Lava Jato, superaram inclusive a manifestação das Diretas Já, em 1984, que reuniu 400 mil pessoas. Sem dúvida foi a maior manifestação popular de todos os tempos. O que exige a sociedade? O significado da insatisfação popular está em sua exigência de reformas estruturais profundas para o amadurecimento das conquistas democráticas.

Desfeitas as ilusões alardeadas pela propaganda oficial e constatadas na prática com a pífia produtividade das administrações petistas, os últimos anos vêm sendo marcados por baixo crescimento econômico, infraestrutura deficiente, estagnação das exportações e reduzido aumento da produtividade do trabalho, que revelam que a economia brasileira apresenta de fato restrições internas para a instituição de uma trajetória sustentada de desenvolvimento. Ajuste fiscal, elevação da taxa de juros, estagnação da renda real *per capita*, pressão inflacionária e aumento acelerado dos números de desemprego são sintomas de uma enfermidade cada vez mais evidente.

> Os governos petistas equivocaram-se em facilitar o acesso da nova classe média a bens pessoais (linha branca, celular, computador, carros e outros penduricalhos) em vez de priorizar a educação, a saúde, a moradia e a cultura, entre outros benefícios sociais.

Com rumos equivocados desde o primeiro mandato da presidente Dilma, por exemplo com a oferta de crédito público, o que já era difícil tornou-se pior com a estagnação dos anos do seu governo, que pôs freio ao contínuo incremento dos padrões de vida (e expectativas) ocorrido desde a implantação do Plano Real nos anos 1990.

Se os setores emergentes já se mostravam insatisfeitos com a baixa prestação de serviços públicos, mais universalizados do que no passado, porém ainda de qualidade insatisfatória, decepcionaram-se muito mais com a paralisação de seu progresso econômico. A chamada classe C, tornada consumidora voraz de bens privados, mas ainda usuária intensiva de serviços públicos, experimentou o gostinho significativo de uma melhoria em suas condições de vida.

Para fechar o quadro da análise, a crise se agravou no segundo mandato de Dilma pela falta de liderança da presidente. Políticos se caracterizam por buscar soluções de compromisso, pelo pragmatismo em colocar em prática as ações e viabilizar os acordos firmados. A filosofia da presidente Dilma se baseava no discurso militante, não de um político ou estadista. A equação final dessa crise de dimensões históricas se traduz com o crescente endividamento do orçamento público federal e a elevação dos gastos correntes em todos os níveis, fatos que levaram os Estados a pleitear a renegociação de suas dívidas com a União, com consequências desastrosas para as finanças públicas.

Para reconquistar a confiança do segmento produtivo, os administradores públicos precisam traçar um plano de desenvolvimento macroeconômico. Entre as medidas necessárias, é preciso modernizar a infraestrutura do país com a privatização de rodovias, portos, ferrovias e aeroportos. O estado precário de estradas e portos prejudica a logística brasileira, aumentando os custos e criando entraves em setores como o agronegócio e a indústria. Em tese, investimentos em obras podem aumentar o emprego, e, neste momento em que o Brasil corre o risco de terminar o ano sem crescimento econômico, tais medidas seriam uma injeção de ânimo tanto para os investidores quanto para a sociedade.

> É preciso tirar das mãos do governo determinados setores produtivos. Urge privatizar os de petróleo, gás, energia elétrica, rodovias, aeroportos, ferrovias e portos.

Outro exemplo revela a dimensão da falta de gerenciamento dos administradores públicos e da incompetência do governo federal. É o caso do levantamento e da regularização de todo o patrimônio do Instituto Nacional do Seguro Social (INSS). Distinguir quais os milhares de imóveis alugados a valores inferiores aos de mercado e outros invadidos, que poderiam ser leiloados com o objetivo de recuperar os ativos do INSS.

Essa situação se agravou nos últimos anos. Os governos petistas aparelharam todos os órgãos da administração pública sem se preocupar com o funcionamento do Estado. O resultado se traduziu em um desastre total de gestão. Em cada órgão, a qualidade e a prestação de serviços foram seriamente afetadas porque os técnicos deixaram de exercer suas funções e foram substituídos por militantes partidários.

Além das dificuldades no funcionamento dos órgãos, em diversos locais apareceram indícios de fraude e má gestão de fundos de previdência complementar de funcionários de estatais e servidores públicos, entre 2003 e 2015, que causaram prejuízos aos seus participantes. Os quatro fundos são: Postalis (Correios e Telégrafos), Previ (Banco do Brasil), Petros (Petrobras) e Funcef (Caixa Econômica Federal).

O relator da Comissão Parlamentar de Inquérito (CPI) dos fundos de pensão, deputado Sérgio Souza (PMDB-PR), emitiu parecer em que pediu 353 indiciamentos, entre pessoas e instituições responsáveis por um prejuízo estimado em R$ 4,6 bilhões abarcando os quatro fundos. Segundo o relator, entre os indiciados estão o ex-tesoureiro do PT, João Vaccari Neto, condenado na operação Lava Jato pelos crimes de corrupção passiva e lavagem de dinheiro, e Adir Assad, condenado na Lava Jato por lavagem de dinheiro e associação criminosa. Eles também teriam participado de operações que levaram fundos de pensão a ter prejuízos. Com o prosseguimento das investigações, agora se descobre que o rombo nesses fundos de pensão é de cerca de R$ 56 bilhões, portanto, um pouco mais de 12 vezes o estimado pela CPI.

Outro indiciado pela PF foi o ex-presidente do Postalis, Alexej Predtechensky, durante a investigação sobre fraudes em operações financeiras no fundo. O esquema investigado envolveu a compra de ações e pagamentos de taxas indevidas. Novamente a corrupção impera no ninho petista.

16

Medidas para diminuir o tamanho da máquina pública

Podemos diminuir o tamanho da máquina administrativa com a reestruturação do organograma em todos os níveis do governo (União, Estados e Municípios) e nos poderes Executivo e Legislativo, com os seguintes cortes do número de funcionários e a redução proporcional de um terço dos cargos eletivos:

1 – Dos Ministérios;
2 – Dos deputados federais e senadores;
3 – Das Secretarias estaduais;
4 – Dos deputados estaduais;
5 – Das Secretarias municipais;
6 – Dos vereadores de todos os municípios;
7 – Cortar o número de municípios brasileiros com população inferior a 20 mil habitantes e promover sua reincorporação, sobretudo daqueles cuja arrecadação não cobre as despesas correntes. É preciso rever cada um dos 5.570 municípios com seu secretariado e funcionários, igualmente o mesmo número de câmaras municipais, com no mínimo nove vereadores, funcionários públicos e assessores parlamentares.

Para melhor entendimento dessa questão dos municípios, transcrevemos abaixo alguns dados fornecidos pelo IBGE.[17]

[17] Disponível em: <www.ibge.gov.br>. Acesso em: 19 maio 2017.

17

Novos municípios e a fragilidade de sua sustentabilidade

O limite de gastos para os municípios criados após a eleição de 2012 será calculado conforme o limite de gastos previsto para o município-mãe, procedendo-se ao rateio de tal valor entre o município-mãe e o novo, de acordo com o número de eleitores transferidos, observando, quando for o caso, os valores mínimos previstos na legislação.

Pasmem! Novos municípios foram criados neste lapso (2012-2017) de tempo! Hoje, temos 1.387 municípios com população com menos de 5 mil habitantes. Do ponto de vista da administração, este é um município altamente deficitário; portanto, de existência inviável. Outros números chocantes: 1.311 municípios com população abaixo de 10 mil habitantes e 1.385 municípios com população inferior a 20 mil habitantes.

No limite entre 20 e 30 mil pessoas temos uma gama considerável de municípios. Para saber com exatidão, seria necessário aprimorar os estudos, o que não é nosso objetivo neste primeiro momento, mas, sim, levantar a discussão, demonstrando exatamente onde o dinheiro público é desperdiçado com o excesso de governos municipais.

Somando os municípios com população abaixo de 20 mil habitantes, sendo esse número próximo do ideal para haver uma mínima sustentabilidade, temos que 4.083 municípios são, em tese, deficitários, e, portanto, se fossem incorporados a outros para atingir um número mínimo de habitantes capaz de garantir sua sustentabilidade financeira, haveria grande economia de recursos públicos.

Calcule rapidamente: levando em conta uma população média de 20 mil habitantes, teríamos como resultado 204 municípios em vez dos 4.083 atuais. Uma redução de 3.880 prefeituras, com toda aquela estrutura que lhes é peculiar. Igualmente, seria reduzido o número de Câmaras de vereadores. Considerando que o número mínimo de vereadores em uma cidade é nove, isso representa um corte de, no mínimo, 34.920 vereadores e 399.200 assessores, além de um elevado número de funcionários públicos alocados nessas 3.880 câmaras municipais.

Somente essa medida já é capaz de economizar alguns bilhões de reais por ano, dinheiro mais que suficiente para equipar todos os municípios restantes com uma boa estrutura de atendimento de saúde, educação e melhorias nas áreas de saneamento básico, que em muitas cidades hoje inexiste.

Estudo do Fundo de Participação dos Municípios (FPM) x receita total

Ano: 2015

Fonte: <http://tesouro.gov.br/>.

Dos 5.570 atuais municípios foram analisados 5.112, dos quais foi possível o cruzamento dos dados. (Dados disponíveis).

É o relatório:

Até 20 mil habitantes, 3.528 municípios.

Com menos de 10 mil habitantes, 2.263 municípios.

Destes, classificando por ordem decrescente em percentual de quanto representa a rubrica Fundo Participação do Município no confronto com sua Receita Total, eis uma pequena amostra dos campeões:

Fundo de Participação dos Municípios x receita total

(Municípios com menos de 10 mil habitantes)

Instituição	Cod.IBGE	UF	População	FPM R$	RECEITA TOTAL R$	% FPM/ Total Receita
Prefeitura Municipal de Dona Eusébia - MG	3122900	MG	6.386	16.401.314,35	16.401.314,35	100,00%
Prefeitura Municipal de São Francisco do Glória - MG	3161403	MG	5.177	15.412.086,90	15.412.086,90	100,00%
Prefeitura Municipal de Argirita - MG	3104403	MG	2.907	11.997.298,30	11.997.298,30	100,00%
Prefeitura Municipal de Senador Cortes - MG	3165602	MG	2.046	11.680.583,24	11.680.583,24	100,00%
Prefeitura Municipal de Prata - PB	2512200	PB	4.072	12.168.455,39	12.438.252,44	97,83%
Prefeitura Municipal de Zabelê - PB	2517407	PB	2.189	9.493.836,14	9.961.143,22	95,31%
Prefeitura Municipal de Olho d'Água - PB	2510402	PB	6.716	15.103.402,57	16.166.648,38	93,42%
Prefeitura Municipal de Rianápolis - GO	5218706	GO	4.768	13.457.078,32	14.804.439,58	90,90%
Prefeitura Municipal de São Braz do Piauí - PI	2209559	PI	4.367	6.031.724,63	7.072.144,73	85,29%
Prefeitura Municipal de Derrubadas - RS	4306320	RS	3.173	11.947.482,96	14.441.713,33	82,73%
Prefeitura Municipal de Rosário da Limeira - MG	3156452	MG	4.495	11.684.116,84	15.219.464,14	76,77%
Prefeitura Municipal de Currais - PI	2203230	PI	4.829	6.030.726,78	8.204.358,47	73,51%
Prefeitura Municipal de Coxixola - PB	2504850	PB	1.874	7.288.717,22	9.962.238,08	73,16%
Prefeitura Municipal de Miguel Leão - PI	2206308	PI	1.239	6.030.724,63	8.452.205,94	71,35%
Prefeitura Municipal de Parari - PB	2510659	PB	1.809	7.300.544,12	10.344.342,66	70,58%
Prefeitura Municipal de Lavandeira - TO	1712157	TO	1.782	5.644.672,72	8.068.037,54	69,96%
Prefeitura Municipal de Morro da Garça - MG	3143609	MG	2.649	6.975.838,39	9.998.137,99	69,77%

Instituição	Cod.IBGE	UF	População	FPM R$	RECEITA TOTAL R$	% FPM/ Total Receita
Prefeitura Municipal de São Miguel da Baixa Grande - PI	2210383	PI	2.407	6.030.724,63	8.667.317,00	69,58%
Prefeitura Municipal de Paiva - MG	3146602	MG	1.587	6.975.838,39	10.152.677,98	68,71%
Prefeitura Municipal de Curral Velho - PB	2505303	PB	2.526	7.300.544,12	10.659.222,69	68,49%
Prefeitura Municipal de Catas Altas da Noruega - MG	3115409	MG	3.623	7.286.729,51	10.773.158,78	67,64%
Prefeitura Municipal de São Domingos do Cariri - PB	2513943	PB	2.543	7.300.544,12	10.820.026,29	67,47%
Prefeitura Municipal de Mato Grosso - PB	2509370	PB	2.845	7.300.544,12	10.919.921,18	66,86%
Prefeitura Municipal de São José dos Cordeiros - PB	2514800	PB	3.739	7.300.544,12	10.936.328,83	66,75%
Prefeitura Municipal de Consolação - MG	3118502	MG	1.801	6.975.838,39	10.458.988,16	66,70%
Prefeitura Municipal de São Luis do Piauí - PI	2210375	PI	2.593	6.030.724,63	9.042.714,57	66,69%
Prefeitura Municipal de Sucupira - TO	1720853	TO	1.878	5.636.932,72	8.495.134,22	66,35%
Prefeitura Municipal de Santo Antônio do Rio Abaixo - MG	3160504	MG	1.818	7.281.724,57	10.975.735,60	66,34%
Prefeitura Municipal de Cedro do Abaeté - MG	3115607	MG	1.222	6.975.838,39	10.574.697,07	65,97%
Prefeitura Municipal de Areia de Baraúnas - PB	2501153	PB	1.894	7.300.544,12	11.080.348,20	65,89%

Fundo de Participação dos Municípios x receita total

(60 menores municípios em número de habitantes)

Instituição	Cod.IBGE	UF	População	FPM R$	RECEITA TOTAL R$	% FPM/ Total Receita
Prefeitura Municipal de Serra da Saudade - MG	3166600	MG	822	6.975.838,39	11.831.902,50	58,96%
Prefeitura Municipal de Borá - SP	3507209	SP	835	6.705.343,71	11.483.664,16	58,39%
Prefeitura Municipal de Araguainha - MT	5101209	MT	1.000	5.929.446,88	10.172.343,07	58,29%
Prefeitura Municipal de Oliveira de Fátima - TO	1715507	TO	1.091	5.644.672,72	9.891.505,22	57,07%
Prefeitura Municipal de Nova Castilho - SP	3532868	SP	1.206	6.995.971,37	13.797.202,18	50,71%
Prefeitura Municipal de Cedro do Abaeté - MG	3115607	MG	1.222	6.975.838,39	10.574.697,07	65,97%
Prefeitura Municipal de Miguel Leão - PI	2206308	PI	1.239	6.030.724,63	8.452.205,94	71,35%
Prefeitura Municipal de Uru - SP	3555901	SP	1.240	6.995.971,37	13.804.141,33	50,68%
Prefeitura Municipal de André da Rocha - RS	4300661	RS	1.286	6.353.304,62	11.144.653,93	57,01%
Prefeitura Municipal de Santiago do Sul - SC	4215695	SC	1.389	5.891.264,88	12.017.884,51	49,02%
Prefeitura Municipal de Chapada de Areia - TO	1704600	TO	1.391	5.283.646,35	8.778.684,14	60,19%
Prefeitura Municipal de Lagoa Santa - GO	5212253	GO	1.406	6.745.870,78	11.836.538,18	56,99%
Prefeitura Municipal de Grupiara - MG	3127909	MG	1.415	7.153.737,66	13.373.936,15	53,49%
Prefeitura Municipal de Jardim Olinda - PR	4112603	PR	1.416	7.321.443,56	12.584.198,35	58,18%
Prefeitura Municipal de Engenho Velho - RS	4306924	RS	1.428	6.631.893,06	13.520.394,52	49,05%
Prefeitura Municipal de Cachoeira de Goiás - GO	5204201	GO	1.430	6.745.870,33	11.263.940,84	59,89%

Instituição	Cod.IBGE	UF	População	FPM R$	RECEITA TOTAL R$	% FPM/ Total Receita
Prefeitura Municipal de União da Serra - RS	4322350	RS	1.434	6.353.304,42	12.214.581,44	52,01%
Prefeitura Municipal de Lajeado Grande - SC	4209458	SC	1.479	5.891.264,88	12.619.186,12	46,68%
Prefeitura Municipal de Serra Nova Dourada - MT	5107883	MT	1.492	5.929.446,88	14.848.574,67	39,93%
Prefeitura Municipal de Nova Aliança do Ivaí - PR	4116505	PR	1.509	7.321.443,60	12.148.478,17	60,27%
Prefeitura Municipal de Doresópolis - MG	3123403	MG	1.512	6.975.838,39	12.800.336,68	54,50%
Prefeitura Municipal de Santa Salete - SP	3547650	SP	1.517	6.995.971,37	12.790.357,32	54,70%
Prefeitura Municipal de São Félix do Tocantins - TO	1720150	TO	1.532	5.346.929,76	10.220.453,51	52,32%
Prefeitura Municipal de Montauri - RS	4312351	RS	1.562	6.353.304,62	13.463.287,74	47,19%
Prefeitura Municipal de Coqueiro Baixo - RS	4305835	RS	1.564	6.461.375,38	12.023.533,02	53,74%
Prefeitura Municipal de Paiva - MG	3146602	MG	1.587	6.975.838,39	10.152.677,98	68,71%
Prefeitura Municipal de Carlos Gomes - RS	4304853	RS	1.588	6.353.304,62	10.866.308,27	58,47%
Prefeitura Municipal de Tupanci do Sul - RS	4322186	RS	1.591	6.353.304,62	11.146.379,11	57,00%
Prefeitura Municipal de Flor do Sertão - SC	4205357	SC	1.603	5.891.266,19	13.115.158,04	44,92%
Prefeitura Municipal de Santana da Ponte Pensa - SP	3547205	SP	1.610	6.995.971,37	11.554.784,04	60,55%
Prefeitura Municipal de Vista Alegre do Prata - RS	4323606	RS	1.613	6.353.304,62	13.632.834,15	46,60%
Prefeitura Municipal de Guabiju - RS	4309258	RS	1.618	6.353.299,62	11.421.447,58	55,63%
Prefeitura Municipal de São João da Paraúna - GO	5220058	GO	1.623	6.390.042,79	12.713.366,89	50,26%

Instituição	Cod.IBGE	UF	População	FPM R$	RECEITA TOTAL R$	% FPM/ Total Receita
Prefeitura Municipal de Ponte Branca - MT	5106703	MT	1.648	5.929.446,88	22.594.762,67	26,24%
Prefeitura Municipal de Lagoa dos Três Cantos - RS	4311270	RS	1.649	6.353.304,62	14.574.088,00	43,59%
Prefeitura Municipal de Trabiju - SP	3554755	SP	1.650	6.995.979,37	12.828.201,67	54,54%
Prefeitura Municipal de Fernão - SP	3515657	SP	1.658	6.995.971,37	14.710.587,34	47,56%
Prefeitura Municipal de Crixás do Tocantins - TO	1706258	TO	1.666	5.644.672,72	9.610.231,44	58,74%
Prefeitura Municipal de Flora Rica - SP	3515806	SP	1.666	6.995.971,37	12.865.843,62	54,38%
Prefeitura Municipal de Paial - SC	4211876	SC	1.668	6.219.318,98	13.040.730,60	47,69%
Prefeitura Municipal de Presidente Castello Branco - SC	4213906	SC	1.670	5.891.264,88	13.391.177,78	43,99%
Prefeitura Municipal de Antônio Prado de Minas - MG	3103108	MG	1.685	6.975.838,39	10.602.390,99	65,79%
Prefeitura Municipal de Linha Nova - RS	4311643	RS	1.697	6.353.304,62	10.671.838,90	59,53%
Prefeitura Municipal de Jardinópolis - SC	4208955	SC	1.697	5.891.265,02	14.187.235,30	41,53%
Prefeitura Municipal de Santa Cecília do Sul - RS	4316733	RS	1.699	6.353.304,62	12.976.292,26	48,96%
Prefeitura Municipal de Viçosa - RN	2414902	RN	1.705	7.172.767,15	11.000.803,11	65,20%
Prefeitura Municipal de Gentil - RS	4308854	RS	1.714	6.353.304,62	13.563.692,68	46,84%
Prefeitura Municipal de Moiporá - GO	5213400	GO	1.724	6.745.871,33	11.356.555,53	59,40%
Prefeitura Municipal de União Paulista - SP	3555703	SP	1.733	6.995.971,37	13.867.049,87	50,45%
Prefeitura Municipal de Tigrinhos - SC	4217956	SC	1.733	6.219.319,04	12.962.336,47	47,98%
Prefeitura Municipal de Ponte Preta - RS	4314787	RS	1.743	6.353.304,62	12.192.471,82	52,11%

Instituição	Cod.IBGE	UF	População	FPM R$	RECEITA TOTAL R$	% FPM/ Total Receita
Prefeitura Municipal de Coronel Pilar - RS	4305934	RS	1.747	6.353.304,62	13.470.967,00	47,16%
Prefeitura Municipal de Tupirama - TO	1721257	TO	1.751	4.573.642,57	7.698.647,68	59,41%
Prefeitura Municipal de Nicolau Vergueiro - RS	4312674	RS	1.760	6.353.304,62	12.839.194,20	49,48%
Prefeitura Municipal de Passabém - MG	3147501	MG	1.764	6.975.838,39	10.872.978,93	64,16%
Prefeitura Municipal de Porto Vera Cruz - RS	4315073	RS	1.764	6.353.304,62	13.014.075,17	48,82%
Prefeitura Municipal de Dirce Reis - SP	3513850	SP	1.766	6.626.950,66	14.094.379,20	47,02%
Prefeitura Municipal de São José do Brejo do Cruz - PB	2514651	PB	1.767	7.300.544,12	11.320.962,57	64,49%
Prefeitura Municipal de Senador José Bento - MG	3165800	MG	1.769	7.281.724,57	11.291.319,76	64,49%
Prefeitura Municipal de Capão Bonito do Sul - RS	4304622	RS	1.776	6.707.087,39	14.856.919,88	45,14%

Considerando as tabelas, vemos que muitos desses municípios são completamente inviáveis economicamente.

Aos 5.112 municípios estudados – ressalte-se que na pesquisa faltaram dados de 458 para totalizar os 5.570 municípios – foi transferida pela União, a título da conta do Fundo de Participação dos Municípios, a quantia de R$ 77.300.446.996,79, sendo que a receita total desses municípios totalizou a cifra de R$ 540.945.511.794,72 no ano de 2015.

Os 3.528 municípios com até 20 mil habitantes somaram 29.887.362 habitantes agraciados com R$ 29.143.705.351,37 do Fundo de Participação dos Municípios, cuja receita total perfez a soma de R$ 87.836.215.125,56.

Veja que a equação é difícil. Seria mais bem aproveitada essa massa de dinheiro público em uma concentração de cidades maiores, onde o montante arrecadado poderia proporcionar uma melhor qualidade de vida aos seus habitantes. No atual modelo, é muita repartição em minúsculas cidades, tornando-as fracas, sem as condições adequadas para prover os serviços necessários ao desenvolvimento humano, razão pela qual, dentre outras mazelas, temos metade da população brasileira sem coleta de esgoto.

Os números a seguir levam em conta as 5.570 cidades, isso porque todos os demais faltantes da base de dados do IBGE se devem ao fato de inconsistência nos dados dos municípios, os 458 (quatrocentos e cinquenta e oito) faltantes são pequenos municípios.

Temos aproximadamente 176.112.638 pessoas vivendo em 1.513 cidades. Por outro lado, temos 29.887.362 pessoas vivendo em cerca de 4.087 cidades.

Vejam que do total dos recursos do Fundo de Participação dos Municípios, as 1.513 cidades ficam com 48.156.741, enquanto 4.087 cidades ficam com 29.143.705.

Como manter esse excesso de políticos – esse imenso manancial de cidades não é vantagem para os moradores, e sim para os políticos – que conduziram tal criação como forma de se apossar de cargos e valores, em total prejuízo aos munícipes.

Nossa proposta consiste em reagrupar esses pequenos municípios em cidades com população mínima de 20 mil habitantes, o que resultaria em cerca de 200 municípios fortes.

Veja a seguir a proliferação dos municípios no Brasil, bem como o avanço dos Imposto de Renda (IR) e Imposto sobre Produtos Industrializados (IPI) para sustentar a farra da criação de novos municípios, desde 1940 até os dias atuais, com especial destaque para a década de 1991 a 2000!

Do excesso de municípios no Brasil

De 1940 a 2007, o Brasil criou 3.990 novos municípios, segundo a quarta edição do Atlas Nacional do Brasil, divulgada pelo IBGE. O dado, no entanto, já tem uma atualização. De acordo com o Censo 2010, o Brasil tinha, em 2000, 5.507 municípios. Em 2010, eram 5.565 – 58 novos municípios em dez anos. Com relação a 2007, criou-se o município de Nazária, no Piauí, que, segundo o IBGE, foi desagregado da capital, Teresina.

De acordo com o Instituto, apesar do grande dinamismo da malha municipal brasileira, há períodos em que novos municípios são criados em grande quantidade, e outros nos quais esse processo é bastante reduzido.

O Atlas aponta que os maiores aumentos em valores absolutos ocorreram ao longo das décadas de 1950, 1960 e 1990. Já em termos percentuais, as maiores elevações ocorreram entre 1950 e 1960 (32%), e 1960 e 1970 (30%).

> No período de 1991 a 2000, foram emancipados 1.016 municípios, o que representou um acréscimo de 18% no total nacional. Nesse período de completo desrespeito ao dinheiro público e visando aumentar seus domínios, nossos parlamentares extrapolaram na criação de seus feudos eleitorais – foram criados 8,9 municípios por mês.

Já entre 2000 e 2007, surgiram apenas 57 novos municípios, valor equivalente a 1% do total. A distribuição do número de municípios pelas Unidades da Federação permanece desigual ao longo dos anos. Em 1940, dos 1.574 municípios do país, 567 (cerca de 1/3) pertenciam aos Estados de Minas Gerais e São Paulo. Uma década depois, o Brasil passou a dispor de mais 315 novos municípios, sendo 194 deles concentrados nesses mesmos Estados.

Em 2007, Minas Gerais e São Paulo possuíam, juntos, 1.498 municípios, cerca de 27% da totalidade no Brasil.

> Desde a Constituição de 1988, o estado que apresenta maior número de emancipações é o Rio Grande do Sul, que mais que dobrou seu montante municipal.

Malha municipal do Brasil em 1940 e 2007 – Mudanças na malha estadual

A malha das unidades da Federação também sofreu mudanças de 1940 a 2007, segundo o Atlas Nacional do Brasil. Em 1943, um decreto-lei criou cinco territórios federais: Guaporé, com área desmembrada dos Estados de Mato Grosso e Amazonas; Rio Branco, com área do Amazonas; Amapá, com área do Pará; Ponta Porã, desmembrado de Mato Grosso; e Iguaçu, com área do Paraná. Os territórios de Ponta Porã e Iguaçu, no entanto, tiveram curta duração; foram extintos pela Constituição Federal de 1946.

De acordo com o IBGE, o Distrito Federal foi transferido, em 1960, para o Planalto Central, com a criação da cidade de Brasília. Assim, o até então Distrito Federal (no Rio de Janeiro) foi transformado em Estado da Guanabara, que existiu até 1973, quando sofreu fusão com o Estado do Rio de Janeiro. A mesma área foi transformada, mais tarde, no município do Rio de Janeiro.

Em 1962, o Acre deixou de ser um território federal e se tornou mais um Estado brasileiro. A Constituição Federal de 1988 fez o mesmo com os territórios de Rondônia, Roraima e Amapá.

O antigo Estado de Mato Grosso foi dividido, em 1977, e deu origem aos atuais Estados de Mato Grosso, cuja capital continuou sendo Cuiabá; e Mato Grosso do Sul, que passou a ter como capital a cidade de Campo Grande.

O antigo Estado de Goiás também foi dividido, em 1988, para dar lugar aos Estados de Goiás, com capital em Goiânia, e do Tocantins, com capital na cidade de Palmas.

> O advento da nova Constituição Federal de 1988 despertou nos políticos brasileiros uma vontade enorme de criar novos municípios.

Em determinados casos, nota-se que foram criados para atender aos interesses de determinadas pessoas em detrimento da população em geral, a quem foi reservada a conta de toda a lambança feita por eles! Como resultado, vários Estados aumentaram de forma espantosa o número de municípios. Hoje, quase todos esses Estados estão quebrados; e seus municípios, à míngua por absoluta inviabilidade econômica e gerencial!

Dos efeitos dessa lambança institucional

Números alarmantes de gastos, serviços ineficientes e excesso de funcionários em todos os níveis de governo, esta é a situação que permeia o governo federal, os Estados e os 5.570 municípios brasileiros.

Para acelerar e modernizar a administração pública, é preciso combater com eficácia a corrupção (fruto direto de um Estado paralisado e jurássico), reduzir os cargos comissionados, reformar a legislação (será que não chegou a hora de se repensar a Constituição de 1988 e propor uma nova Assembleia Constituinte?), regular e fiscalizar as instituições do governo.

Destacamos aqui os motivos para o problema da ineficiência dos serviços públicos e o sofrível desempenho da gestão pública.

Dentre outros problemas, destacamos, por exemplo, a divisão de um município de 30 mil habitantes em diversos outros. Criaram-se novas estruturas de governos sem qualquer infraestrutura para o atendimento de suas populações. Com isso, esses novos municípios levaram parte dos recursos do município originário.

> Para se criar um novo município é feita uma nova redistribuição do FPM entre todos os municípios daquele Estado, assim provocando o empobrecimento geral. Porém, os novos municípios não conseguem instalar em seus territórios os serviços necessários a suas populações.

Nesse caso, diante da necessidade do seu povo, os administradores desses novos municípios criam soluções mirabolantes; dentre elas, um sistema em que diariamente saem, via transporte local, verdadeiras caravanas de cidadãos em direção ao antigo município, pois nele existem os serviços que faltam nesses novos. Porém, parte dos recursos daquele município foram retirados para distribuir aos novos, e, assim, não mais possui a mesma estrutura de antes.

Com isso, ficam todos sem nada, pois o município que antes tinha determinado recurso e, com isso, um planejamento para atender a 30 mil habitantes, com o desmembramento passa a ter um planejamento para um novo quadro, menor. Como podemos observar, na prática, os antigos municípios mantêm a mesma demanda, sem, no entanto, estar preparados para isso, quer na estrutura, quer nos recursos financeiros e humanos necessários à demanda irregular ora imposta àquela cidade em razão da "esperteza" de seus líderes políticos.

O que é surpreendente nesses casos é que os benefícios sociais, outrora propalados pelos políticos quando do convencimento do povo de que a criação de um novo município seria um avanço para todos, apenas se revelam benéficos aos seus criadores, ou seja, os políticos ávidos pelo dinheiro do FPM.

Resta claro, no entanto, que foi apenas mais um duro golpe aplicado aos incautos eleitores. A criação desses novos municípios atendeu apenas às expectativas dos políticos idealizadores, ou seja, mais uma fonte para seu abastecimento político e financeiro.

O povo, este segue literalmente enganado por seus representantes políticos. Nessa operação, apenas se criou uma nova máquina administrativa, na qual os políticos vão empregar seus correligionários e apaniguados políticos.

O povo segue sendo literalmente cavalgado pelos políticos idealizadores dessa farsa institucional que foi a criação do novo município, e a ele resta pagar a conta de mais uma prefeitura, de uma câmara municipal e de suas centenas de assessores e servidores públicos, dos quais jamais se livrarão. Assim, o povo segue seu martírio diário, sem os serviços que outrora possuía. Em troca, ganha mais uma pesada e ineficiente máquina pública para alimentar com o suor de seu rosto.

O que nos preocupa, no entanto, é que o nefasto e doloroso resultado dessa sanha política local resulta por distribuir a conta dessa insanidade a toda sociedade brasileira, pois, ao faltarem recursos nos cofres desse novos e quebrados municípios, recorrem, em regra, aos governos estadual e federal em busca do bem da vida deles, ou seja, mais dinheiro para alimentar uma máquina desnecessária e ineficiente. Esses governos, por sua vez, por meio de ardilosos artifícios, metem a mão em nossos já esvaziados bolsos para pagar uma conta criada por uma classe parasitária, composta por diversos malandros políticos de plantão que, em sua grande maioria, nunca souberam o que é trabalhar de verdade, vivem, por gerações, à custa de um incauto povo sem rumo e sem noção da realidade que o abocanha a cada ano, ou seja, mais de cinco meses de trabalho para alimentá-los.

> Cinco meses de trabalho por ano são o peso dos impostos no Brasil. Nessa conta não estão incluídos outros itens, que, por imposição legal, temos que sustentar; por exemplo, os sindicatos.

São 17 mil sindicatos que, por meio de contribuições compulsórias, também alimentamos, e que, por sua vez, estão atrelados a um dos últimos resquícios da Ditadura no Brasil, a Consolidação das Leis do Trabalho (CLT). Ninguém tem a coragem de mudar isso. Por conveniência pura, bancadas inteiras no Congresso são atreladas a sindicatos!

Há ainda cerca de 13 mil sindicatos aguardando a expedição da carta sindical para iniciar seu funcionamento. Produzir, como faz a maior parte dos brasileiros, eles não querem. Mamar nas receitas públicas e bolso dos trabalhadores é mais fácil!

Essa visão distorcida de uma realidade sindical em muito tem prejudicado o trabalhador brasileiro. Não sou contrário aos sindicatos; em certa medida, são necessários. Porém, não no modelo que se nos apresenta no Brasil. Um sindicato deve buscar seus filiados em suas bases territoriais e, assim, legitimar sua atuação. Mais que isso, legitimar sua existência, tendo como base o número de filiados que conquistou, e não receber contribuições compulsórias feitas em cima de uma legislação arcaica como é a CLT.

Nesse caso, mais uma vez se comprova que os políticos, em seus mais variados níveis, servem-se do povo em vez de servi-lo. A pesada conta paga pelos brasileiros precisa, com urgência, ser diminuída, sob pena de provocar uma convulsão social com consequências jamais vistas por essas terras outrora lusitanas. Nunca se explorou tanto um só povo em tempo de paz e em plena democracia!

Uma democracia não pode ser usada para golpear seus nacionais nem qualquer outro povo. A política é necessária e vital para a vida em sociedade. Deve, portanto, ser exercida para o bem da sociedade e a ela servir, não como tem sido a prática no Brasil por séculos. Nossos políticos se servem do povo, em vez de servi-lo! No Brasil, o povo é cavalgado pelos políticos, que deveriam protegê-lo e fazê-lo prosperar, porém, são aqueles que prosperam; os representados pagam a pesada conta, oriunda do exercício rotineiro dos desmandos ou da repugnante corrupção que sempre assolou nosso país.

> A corrupção, por sua vez, intenta contra os interesses do povo, e, o que é pior, por impulso oficial dos governos de plantão, como informam as diversas investigações em curso neste país.

Além da operação Lava Jato, estão em curso no âmbito da Polícia Federal outras tantas operações, todas visando desbaratar quadrilhas ou bando que praticaram desvio de dinheiro público. No entanto, o enredo não muda: políticos sempre se desviando de seus objetivos e, claro, desviando o dinheiro do erário para suas contas secretas. Nada, ou quase nada, mudou desde a descoberta e a colonização do Brasil por Portugal. Por aqui a roubalheira continua a mesma, às vezes crescente!

A sociedade brasileira precisa acordar urgentemente!

Os trancos que tomamos em razão do Mensalão e do Petrolão, dentre outras contumazes roubalheiras ocorridas ao longo de séculos, devem servir como um espelho a nos lembrar a cada dia que não se deve confiar cegamente em nossos representantes; é preciso, portanto, de uma vigilância diária e eficaz para que não se repitam determinados episódios de roubalheiras, que, além de quebrar o Brasil, nos envergonha perante toda a comunidade internacional.

Somos hoje cerca de 206 milhões de brasileiros. Não podemos ser subjugados por meia dúzia de crápulas sem noção!

Esses senhores apresentam-se ao povo, a cada dois anos, travestidos de homens de bem, candidatos a administradores públicos, o que, em sua grande maioria, na verdade nem de longe é, conforme nos mostra a PF em suas investigações e revelações, que, por sua vez, são cabalmente confirmadas em diversas instâncias do Poder Judiciário. Esses senhores não passam de bandidos de colarinho-branco, ou seja, da pior espécie. Roubam com a caneta, que deveria ser usada para o benefício da coletividade. Além de seus altos salários, também recebem muitas vantagens, tudo bancado por meio dos sofridos recursos do povo, arrancados da sociedade por meio de um surreal sistema tributário.

Quando se cuida da administração da coisa pública, deve-se fazê-lo com responsabilidade. Administrar o presente e projetar o futuro de um povo requer respeito e seriedade no trato das questões públicas. Estas não podem ser tratadas como se fossem uma ação entre amigos, como ocorreu ao longo de muitos anos no Brasil. O ato de representar um povo constitui um "Múnus Público", não uma licença para se apoderar do erário!

- No âmbito municipal, dos 5.570 municípios há mais de **500 mil** cargos de livre provimento para atender às indicações dos aliados dos prefeitos.
- Todo esse aparato de pessoas está em sobreposição aos funcionários públicos, aqueles efetivos da máquina pública que, mediante concurso público, tiveram acesso ao cargo.
- Há um enorme disparate nos valores dos salários do funcionalismo público; e a diferença maior se dá exatamente nos cargos de livre provimento, aos quais é possível atribuir uma série de vantagens sem nenhum controle.
- A burocracia e a ineficiência são marcas registradas da máquina pública, de qualidade insatisfatória no atendimento aos munícipes.
- Cargos em comissão como moeda de troca entre interesses políticos: além de ser uma das fontes que alimentam a corrupção, têm patrocinado o atraso no Brasil há séculos.
- O excesso de cargos de confiança funciona como barganha, espécie de moeda de troca do Executivo, que visa à obtenção de apoio parlamentar para aprovação de projetos ou das contas públicas.

Essa disponibilidade abre brechas para pressão política e gera o fio condutor para a corrupção e a ineficiência.

- O resultado é uma máquina pública inchada e pessoas de sobra ocupando, por indicação, cargos no serviço público, muitas vezes sem a qualificação técnica e profissional necessárias às funções a serem desempenhadas. Os governos, além de aceitar as indicações políticas, substituem os técnicos concursados em suas funções pelos indicados, e o resultado não poderia ser outro, ou seja, o desastre total da administração.
- Este tipo de cargo, chamado cargo em comissão ou simplesmente comissionado, foi criado nos anos 1960 para dar flexibilidade à contratação. Com ele, o governo pôde suprir áreas carentes de concursados. Mas a falta de critérios abriu caminho para um número gigantesco de nomeações, muito acima do que recomendam as boas práticas de administração pública. Além disso, o intuito de criar essa modalidade de funcionários era suprir cargos técnicos em falta no governo. Hoje, por ironia do destino, os técnicos do governo são substituídos pelos comissionados.
- O excesso de cargos em comissão pavimenta o caminho tortuoso para a corrupção, já que tais cargos funcionam como moeda de troca entre presidente, governadores, prefeitos e parlamentares. Nesse universo de troca-troca, as relações republicanas não existem; o que existe de fato é o nepotismo cruzado, quer dizer, fulano contrata alguém por indicação de outrem, que, por sua vez, retribui com a contratação do parente do outro, e, assim, a lei para abolir o nepotismo é facilmente burlada.

A corrupção rouba o dinheiro da saúde e da educação, utilizando para isso artifícios e todos os meios possíveis. Acabam por roubar o sonho e a vida daqueles a quem o Estado deveria proteger.

Recentes pesquisas nos dão conta de que 67% de todo o dinheiro desviado nos municípios são provenientes das verbas da saúde e da educação. Nem seriam necessárias as pesquisas, bastando para tanto observar os noticiários, que a cada dia nos dão conta de prisões de prefeitos e vereadores envolvidos nos mais diversos tipos de falcatruas em todo o território nacional. São desviados recursos da merenda escolar, dos convênios diversos, além, é claro, do dinheiro do FPM e do Fundo de Manutenção e Desenvolvimento da Educação Básica e de Valorização dos Profissionais da Educação (Fundeb).

Toda essa roubalheira acaba por concentrar a renda e o poder nas mãos dos mesmos, pois, com o dinheiro amealhado de forma ilícita, acabam por comprar a próxima eleição com o dinheiro roubado daqueles que se vendem em troca do que outrora fora roubado dos cofres públicos, ou seja, usa-se o dinheiro do povo para "comprar" o voto de boa parte desse mesmo povo!

Assim, permanecemos nessa farra nefasta de eleição em eleição, nada muda, nem os nomes dos ladrões, por vezes já denunciados aos quatro ventos que, ainda assim, são eleitos pelo povo.

É preciso interromper esse ciclo vicioso sob pena de, não o fazendo, sermos completamente banidos de qualquer possibilidade de crescimento econômico e social.

Nosso sistema político é permissivo e desarticulado em razão das falhas legais, fruto de um Congresso Nacional contaminado por corruptos e oligarquias centenárias que nada fazem além de surrupiar as riquezas desta Nação. São poucas e tímidas esperanças de mudanças nesse cenário catastrófico em que vivemos há séculos.

Na seara dos municípios acontece uma verdadeira farra. Dos 5.570, poucos têm arrecadação suficiente para cobrir a folha de pagamento, mas, ainda assim, mantêm as mordomias por intermédio de repasse da União e dos Estados; ou seja, a injeção de dinheiro do já combalido contribuinte para alimentar o sonho de grandeza de meia dúzia de "poderosos" em cada cidadezinha.

Na grande maioria desses municípios não há saneamento básico; as escolas, quando existentes, são precárias; creches não existem; mas o dinheiro para as próximas campanhas políticas sempre aparece, fruto de desvios de dinheiro público, justamente aquele dinheiro que falta na saúde e na educação.

> Na saúde, a situação de calamidade em que vive a quase totalidade dos moradores dessas minúsculas cidades é algo que atenta contra a dignidade humana, para dizer o mínimo!

São 5.570 Câmaras Municipais com, no mínimo, nove vereadores cada, sendo que nenhum deles vive sem seus assessores. Considerando--se um número pequeno de dez assessores para cada vereador, podemos imaginar que essa conta é bastante pesada, algo em torno de 56 mil vereadores que empregam a bagatela de 560 mil assessores, pessoas empregadas apenas nos cargos de livre provimento, ou seja, os cargos de confiança dos vereadores. Essa conta considera apenas o mínimo legal, ou seja, nove vereadores por cidade, o que não é verdade; as cidades maiores possuem mais de nove!

É importante frisar que nesse número de 560 mil funcionários de confiança não estão incluídos os funcionários efetivos da Casa. Essa é uma outra conta pesada, os concursados!

Além dos funcionários comissionados nas prefeituras, que chegam a 500 mil nos 5.570 municípios, temos os concursados que, somados os dos Estados e da União, chegam a assustadora quantia de 15 mil.

Se observarmos o atendimento dos serviços públicos, a realidade que nos é apresentada é a falta generalizada de funcionários nos diversos atendimentos. Diante disso, é forçoso perguntar: onde está esse imenso contingente humano?

A falta de bom senso e a desfaçatez são tamanhas! A partir de 2015, o Brasil ganhou mais cinco municípios: Pescaria Brava (com 9.835 habitantes e 7.175 eleitores) e Balneário Rincão (com 12.018 habitantes e 9.949 eleitores), em Santa Catarina; Mojuí dos Campos, no Pará (com 32.000 habitantes e 16.971 eleitores); Pinto Bandeira, no Rio Grande do Sul (com 3.000 habitantes e 2.224 eleitores); e Paraíso das Águas, no Mato Grosso do Sul (com 5.150 habitantes e 3.721 eleitores). Com esses acréscimos, o país passou a ter 5.570 municípios espalhados pelos 26 Estados brasileiros.

Com isso, fica cabalmente demonstrado que o país continua na contramão da economia, criando cada vez mais estruturas permanentes, caras e perfeitamente dispensáveis do ponto de vista da administração pública. Esse costume e prática são muito dispendiosos para toda a nação, vez que a conta desse devaneio político é paga por todos nós. O que alimenta toda essa máquina são os impostos que pagamos.

Toda a celeridade empregada na criação de novos municípios teve como objetivo principal abocanhar uma fatia do FPM (que será abordado com mais profundidade mais adiante), além, é claro, de nomear milhares de correligionários e apaniguados políticos, cuja fatura nos é apresentada mensalmente.

Das promessas políticas em cada eleição

Um país só é grande se seu povo estiver bem cuidado, bem alimentado e com esperança real de vida melhor. Não é admissível o Brasil ser tão rico e seu povo, na grande maioria, ainda vivendo na miséria, continuando a depender de esmolas do governo para sua alimentação.

O que falta a essa gente é educação de qualidade, saúde e perspectiva de um desenvolvimento duradouro e sustentável. O povo não precisa de esmolas do poder público. Essas esmolas, por sua vez, vêm sempre disfarçadas de grandes programas de compra de votos na forma de programas sociais desenvolvidos como se fossem do presidente da República, e não como um programa de Estado, como deveria ser em um país sério, evitando que seus pífios resultados sejam apropriados pelos populistas de plantão.

Os eleitores votam, esperam pelo cumprimento das promessas, o que, com frequência, não ocorre: a estrada prometida, as melhorias em seu meio ambiente, escola e financiamento da produção, que não chega a todos os pequenos e médios produtores rurais. Tais recursos quase sempre pararão nas mãos dos grandes atravessadores dos recursos públicos, perdidos em infindáveis maratonas de órgãos dos diversos níveis de governos, passando, é claro, pelo apadrinhamento político e a já consagrada corrupção.

O que não é divulgado é que todo esse custo do dinheiro, inclusive a corrupção, é colocado nas prestações do financiamento desses pequenos e médios produtores. Finalmente, após a colheita da safra, o custo de toda essa zorra chega aos preços, que por sua vez chegam às mãos do consumidor final! E, claro, já acrescidos dos impostos, que, dentre outras coisas, incorpora o custo invisível da corrupção ocorrida no percurso do dinheiro antes de chegar às mãos do produtor rural e sobre ela também incide suas alíquotas.

> Pobre de todos nós, em um país com uma das cargas tributárias mais altas do mundo, conforme periodicamente demonstrado pelos meios de comunicação, pagamos imposto até sobre o percentual da corrupção, embutido no custo da produção. É de chorar!

Por tudo isso, resta-nos, portanto, fazer a lição de casa se quisermos sair do marasmo e da indelicada e eterna situação de "país do futuro". É sempre bom perguntar: De que futuro estamos falando? O futuro de boas condições de vida para todos, ou o futuro do mesmo atraso de séculos atrás?

No quesito educação, estamos, no mínimo, três décadas atrasados, não em relação aos países de primeiro mundo, mas ao Chile, nosso vizinho da América do Sul.

Enquanto permanecermos elegendo picaretas incompetentes, populistas desprezíveis, nossa situação será a mesma, ou seja, renegados ao ostracismo, sendo condenados a viver no século passado e convivendo com pessoas do século por vir, sem, no entanto, estarmos preparados para isso.

> A virada de página está em nossas mãos! BASTA da prática de votarmos em amigos sem as qualificações necessárias para exercer em nosso nome o poder a eles delegado, tampouco votar em bandidos já bastante conhecidos.

É preciso renovar o cenário político brasileiro. Essa depuração, a exemplo do que ocorreu com o PT em 2016, ocorrerá em relação aos demais políticos bandidos brasileiros nas eleições de 2018.

O povo não pode nem deve ter político bandido de estimação! Não há, pois, nenhum caminho fora da democracia. Em razão disso, é preciso escolher com consciência nossos representantes.

A chave do cofre do Brasil já permaneceu por demasiado tempo nas mãos de bandidos de toda espécie. O resultado é um país absolutamente quebrado financeiramente e com seu prestígio seriamente abalado internacionalmente!

Enquanto isso, nossos corruptos deleitam-se com o fruto do seu roubo, ou seja, com o "furto" do **seu** trabalho!

Entendo que, para se votar em alguém, dentre outras, fazem-se necessárias algumas indagações: o candidato é capaz de desempenhar as funções do cargo ao qual se propõe? Está qualificado para isso? Suas referências sociais são boas? Aparenta ser honesto em suas relações sociais? Se os resultados dessas questões forem positivos, parece que o candidato merece uma chance. Diante disso podemos votar nele. Depois do voto depositado na urna, é necessário fiscalizar a atuação dos eleitos. Exemplo dessa necessidade foram os 13 anos de roubalheira pelo qual passamos recentemente.

Não há, pois, nenhum caminho fora da democracia. É preciso, portanto, continuar votando, corrigindo nossos erros a cada eleição. A dignidade do homem é medida por seus atos. No Brasil de hoje temos muitos indignos em postos chaves da Nação.

> É cediço que os representantes de um povo devem ser os melhores que existem dentre os seus! Se o nosso melhor é isso que se nos apresenta, que Deus tenha piedade de nós!

Votar apenas não é suficiente, precisamos fiscalizar os eleitos para que não mais ocorram casos como o Mensalão e o Petrolão nos governos populistas do PT, bem como outras tantas bandalheiras que atingem quase que a totalidade dos 35 partidos políticos hoje em operação no Brasil. Além disso, centenas de prefeitos e vereadores, picaretas, que roubam o sagrado dinheiro público para com ele desfilar ostentações mundo afora, como porcos que são.

Mesmo esses "nobres senhores", os vereadores, os políticos mais próximos do povo, nem por isso se demovem de suas sanhas bandidas, nem de sua forte atração ao cofre público. Usam o dinheiro público como se deles fosse!

As dificuldades do povo que os elegeu não os comovem. O que importa a esses "cidadãos" são seus bolsos cheios de dinheiro, mesmo que seja o dinheiro do povo!

Com todo esse contingente de municípios (5.570), torna-se muito difícil sua fiscalização. Por exemplo, no Estado de Minas Gerais são 853 cidades e um Tribunal de Contas, em Belo Horizonte, para fiscalizar as contas do Estado e de todos esses municípios. Resta claro que essa fiscalização é um faz de contas!

Em razão disso, e de todo o dinheiro desperdiçado nesses municípios, faz-se necessário e urgente reduzi-los por meio do reagrupamento, fazendo que um município tenha uma população mínima de 20 mil habitantes.

Com a redução desses municípios e o reagrupamento das eleições gerais a cada cinco anos, acreditamos que o dinheiro faltante no Brasil, para as áreas de educação, saúde e transporte, resta resolvido, sem a necessidade da criação ou aumento de impostos.

Nossa segurança, bem como nossa existência, depende disso!

A natureza é sábia! Nela tudo é corretamente organizado, enquanto nós, seres humanos, ditos inteligentes, não conseguimos limpar nossa sujeira deixada no planeta.

A natureza tem seus faxineiros. Na terra, os urubus e as hienas, dentre outros seres, cuidam da sua limpeza. Os mares também têm seus faxineiros. Todos cuidam da limpeza de seus ambientes. Menos nós, os homens! Somos os grandes porcos do planeta e ainda assim nos gabamos, autoproclamando-nos "seres inteligentes".

Poluímos a terra, os mares, o ar, os lençóis freáticos, a atmosfera; matamos várias formas de vida sem sequer conhecê-las por absoluta incompetência. Além, é claro, de uma enorme arrogância. Diante desses simples fatos, já podemos dizer que de inteligência nada temos, somos apenas mais uma das diversas formas de vida que habitam este planeta. Acredito que sejamos os mais destrutivos de todos.

> Um dia, quando for muito tarde, certamente choraremos as chances perdidas, o tempo desperdiçado. Talvez, a essa altura não seja possível reverter nossa trajetória destrutiva de nós mesmos.

O aquecimento global já é uma realidade, ainda assim muitos não acreditam, mesmo estando seus efeitos debaixo de seus olhos.

Nosso cérebro parece ser uma das mais brilhantes ferramentas conhecidas deste planeta, porém, não somos capazes de deter nossa própria e acelerada autodestruição!

O Fundo de Participação dos Municípios (FPM)

Feitas essas breves considerações, passamos à exposição dos recursos recebidos do FPM.

As informações a seguir transcritas são esclarecimentos prestados pelo Tribunal de Contas da União (TCU[18]). Com elas, podemos entender sua evolução histórica ao longo dos anos, bem como seu crescimento vegetativo e sua evolução em valores nominais devido ao crescimento do número de municípios desde 1940 até os dias de hoje.

> (...) as parcelas dos impostos federais recolhidos aos cofres do Tesouro Nacional que, por força de dispositivos constitucionais e legais, são transferidas da União para Estados, Distrito Federal e Municípios.
>
> Abordaram-se neste texto as transferências relativas ao Fundo de Participação dos Municípios (FPM), no qual se procurou imprimir uma estrutura simples para responder, de forma clara e direta, às principais indagações de todos os interessados pelo assunto.

2 (...) Embasamento Legal

O Imposto sobre a Renda e Proventos de Qualquer Natureza (IR), de competência da União, já constava de nosso ordenamento jurídico na Constituição de 1946, em seu artigo 15, inciso IV. Outro imposto federal, o Imposto sobre Produtos Industrializados (IPI), foi instituído pela Emenda Constitucional n. 18, de 1º de dezembro de 1965 (feita à Constituição de 1946), em seu artigo 11. Já o Fundo de Participação dos Municípios (FPM) teve origem nessa mesma Emenda Constitucional, em seu artigo 21, que também exigia a regulamentação do Fundo por meio de Lei Complementar. Inicialmente, o FPM era formado por 10% do produto da arrecadação dos Impostos sobre Renda

[18] Disponível em: <http://www3.tesouro.fazenda.gov.br/estados–municipios/download/CartilhaFPM.pdf>. Acesso em: 22 maio 2017. Todas as referências às Figuras e Tabelas estão contidas nesse link.

e sobre Imposto sobre Produtos Industrializados, descontados os incentivos fiscais vigentes na época, restituições e outras deduções legais referentes a esses impostos. A regulamentação do FPM veio com o Código Tributário Nacional (CTN – Lei n. 5.172, de 25 de outubro de 1966), no seu artigo 91, e o início de sua distribuição deu-se em 1967. O critério de distribuição do FPM era então baseado unicamente na população dos municípios.

Posteriormente, o FPM foi ratificado pela Constituição Federal de 1967 (art. 26), que recepcionou a regulamentação do CTN. Pouco depois de promulgada a Constituição de 1967, foi baixado o Ato Complementar da Presidência da República n. 35, de 28 de fevereiro de 1967 que, dentre outras providências, categorizou os municípios em capitais e interior, as capitais recebendo 10% do montante total do FPM; e o interior, o restante. Nova norma foi editada, o Decreto Lei n. 1.881, de 27 de agosto de 1981, criando mais uma categoria de municípios, denominada "Reserva", para aqueles Entes com população superior a 156.216 habitantes. A distribuição do FPM então ficou 10% para as Capitais, 3,6% para a Reserva e 86,4% para o Interior.

A Constituição de 1988 também ratificou o FPM (art. 159, inciso I, alínea "b" e ADCT art. 34, § 2º, incisos I e III) e recepcionou a regulamentação do CTN, tendo ainda aumentado gradativamente o percentual de participação do FPM no IR e IPI dos 17%, na época, até o valor de 22,5% a partir de 1993 e solicitado, em seu artigo 161, inciso II, que a Lei Complementar regulamentasse a entrega dos recursos do Fundo. Isso foi realizado pela Lei Complementar n. 62, de 28 de dezembro de 1989, que manteve o critério de repartição do CTN até 1991. Mais tarde, a Lei Complementar n. 71, de 3 de setembro de 1992, prorrogou o critério do CTN até que lei específica sobre eles disponha, com base no resultado do Censo de 1991, realizado pela Fundação IBGE. Outras Leis Complementares foram sendo sucessivamente aprovadas, dilatando até hoje, com alguns ajustes, o critério de repartição do CTN, a saber: n. 72, de 29 de janeiro de 1993; n. 74, de 30 de abril de 1993; n. 91, de 22 de dezembro de 1997; e n. 106, de 23 de março de 2001. Adicionalmente, a Emenda Constitucional n. 14, de 12 de setembro de 1996, por meio da alteração do art. 60 do Ato das Disposições Constitucionais Transitórias (ADCT) criou o Fundo de Manutenção e Desenvolvimento do Ensino Fundamental e de Valorização do Magistério (FUNDEF), cuja fonte de recursos foi composta pela dedução de 15% nos repasses do Fundo de Participação dos Estados, do Fundo de Participação dos Municípios, da Lei Complementar 87/96, do ICMS estadual e do IPI-Exportação. Essa Emenda foi regulamentada pela Lei n. 9.424, de 24 de dezembro de 1996, e os descontos do FUNDEF passaram a ser realizados a partir de janeiro de 1998.

Mais tarde, a Emenda Constitucional n. 53, de 19 de dezembro de 2006, também por meio da alteração do art. 60 do ADCT, substituiu o FUNDEF pelo Fundo de Manutenção e Desenvolvimento do Ensino Básico e de Valorização do Magistério (FUNDEB), cuja fonte de recursos incorporou novas transferências intergovernamentais obrigatórias, mantendo todas as anteriores, inclusive o FPM. Essa Emenda foi regulamentada pela Medida Provisória n. 339, de 28 de dezembro de 2006, e os descontos correspondentes efetivados a partir de janeiro de 2007. A Medida Provisória foi transformada na Lei n. 11.494, de 20 de junho de 2007. Atualmente, a dedução do FUNDEB é de 20% do valor do repasse.

Uma alteração importante foi introduzida pela Emenda Constitucional n. 55, de 20 de setembro de 2007, que acrescentou a alínea "d" ao art. 159, inciso I, adicionando 1% ao percentual do FPM (que assim passou a ter alíquota de 23,5%); esse percentual a mais, entretanto, seria acumulado na Conta Única do Tesouro Nacional ao longo de 12 meses, para ser entregue aos Municípios por seu valor integral no 1º decêndio de dezembro de cada ano. (...)

Deve-se notar que, como o repasse do FPM é uma alíquota da arrecadação do IR mais IPI, o montante transferido a cada período é diretamente proporcional ao desempenho da arrecadação líquida desses impostos no período anterior.

A Figura 1 ilustra o acima exposto numa linha de tempo, enquanto que a Figura 2 mostra a inter-relação entre os diversos documentos legais após a promulgação da Constituição Federal de 1988.

Os contribuintes do Imposto de Renda e do Imposto sobre Produtos Industrializados recolhem esses impostos regularmente na rede bancária, de acordo com a legislação pertinente. O montante dessa arrecadação é transferido por cada instituição financeira, conforme previsão contratual entre o banco e a Receita Federal do Brasil (RFB), para a Conta Única do Tesouro Nacional (CTU). Os bancos repassam as informações relativas ao recolhimento efetuado para a RFB.

Decendialmente, por meio de processamento eletrônico, a RFB classifica o montante da arrecadação bruta de tributos relativos ao período e das deduções correspondentes (restituições, retificações e compensações), se houver, e também dos incentivos fiscais – Finor, Finam, Funres, PIN e Proterra –, apurando, dessa forma, a arrecadação líquida do período. Tais informações são registradas no Sistema Integrado de Administração Financeira do Governo Federal (SIAFI).

Decendialmente, a Secretaria do Tesouro Nacional (STN) consulta no SIAFI as informações do decêndio anterior e transfere ao Banco do Brasil o valor global a ser repassado naquele período, o que, no caso do FPM, corresponde a 22,5% da arrecadação líquida do IR e do IPI. O Banco do Brasil, por sua vez, credita nas contas correntes dos municípios os respectivos valores que lhes cabem, segundo percentuais calculados e informados anualmente pelo Tribunal de Contas da União, até o último dia útil do ano anterior, com a dedução do valor correspondente ao Fundo de Manutenção e Desenvolvimento da Educação Básica e de Valorização dos Profissionais da Educação.

Adicionalmente, a STN credita numa conta específica do SIAFI 1% da mesma arrecadação líquida do IR e do IPI do decêndio anterior, quantias estas que vão sendo acumuladas desde o 1º decêndio de dezembro do ano anterior até o 3º decêndio de novembro do ano em curso; o total é então integralmente distribuído aos municípios no 1º decêndio de dezembro do ano em curso, segundo os percentuais individuais de participação vigentes, e sem a dedução do FUNDEB.

De acordo com o art. 4º da Lei Complementar n. 62/1989, os valores relativos ao FPM devem ser creditados decendialmente aos municípios até os dias 10, 20 e 30 de cada mês, mediante crédito em conta aberta com essa finalidade no Banco do Brasil. Caso a data caia em fim de semana ou feriado, o repasse é antecipado para o primeiro dia útil anterior. O valor transferido toma por base a arrecadação líquida do IR e do IPI do decêndio anterior. (...)

Ao longo do tempo ocorreram várias mudanças na legislação relativa ao Fundo, grande parte ligada ao percentual da arrecadação do IR e do IPI reservado ao FPM. A Tabela I apresenta um resumo desses documentos. (...)

O primeiro critério de repartição do FPM, constante da edição inicial do CTN, em 1966, era exclusivamente populacional, aumentando o valor da cota individual conforme aumentava a população do Município; ao longo dos anos, esse critério foi recebendo alterações (...). A seguir, é apresentado o critério vigente. Os percentuais individuais de participação dos municípios são calculados anualmente pelo TCU e por ele publicados em Decisão Normativa no Diário Oficial da União até o último dia útil de cada exercício (CTN, art. 92). O cálculo é feito com base em informações prestadas ao TCU até o dia 31 de outubro de cada ano pelo Instituto Brasileiro de Geografia e Estatística, informações estas compostas da população de cada município e da renda per capta de cada Estado.

Como visto anteriormente, os municípios brasileiros são distribuídos em três classes (...). As Capitais são Brasília e as capitais estaduais; os municípios da Reserva são aqueles com população superior a 142.633 habitantes; e os do Interior são os demais municípios.

Aqui são empregados dois fatores: fator população e fator renda per capita. O fator população é obtido calculando-se inicialmente a relação entre a população da capital específica e a soma das populações de todas as capitais; em seguida, entra-se com esse valor na Tabela II e extrai-se o fator resultante. Já o fator renda per capita é calculado para cada Estado. (...)

Em seguida, o coeficiente apurado para cada capital resulta do produto "fator população" vezes "fator renda per capita". O percentual individual de participação de uma capital específica no montante distribuído entre as capitais é obtido dividindo-se o coeficiente apurado para ela pelo somatório dos coeficientes de todas as capitais.

Ilustra-se a seguir um caso do ano de 2010, por exemplo, a capital Porto Alegre. A Decisão Normativa do TCU para aquele ano foi a de n. 101, de 18 de novembro de 2009, cujo Anexo V lista os percentuais individuais de participação das capitais no FPM. A Tabela IV apresenta os dados necessários para esse exemplo, extraídos do referido Anexo. Em consequência, num determinado decêndio de 2010, se o montante de FPM distribuído fosse R$ 1.000.000.000,00, a cota das capitais seria 10% desse valor, ou seja, R$ 100.000.000,00, e Porto Alegre faria jus a R$ 100.000.000,00 x 2,664975% = R$ 2.664.975,00. Para conhecer os percentuais individuais dos municípios para repartição das transferências do FPM acesse o portal do TCU mencionado acima. (...)

Os municípios ditos da Reserva são aqueles com mais de 142.633 habitantes, ou seja, aqueles com coeficientes 3,8 e 4,0 da Tabela VII.

Para se ter uma ideia, em 2010 eles eram em número de 156 do total de 5.564 municípios brasileiros.

O cômputo dos percentuais individuais de participação dos municípios dessa classe é análogo ao das Capitais, unicamente considerando-se outra base de cálculo. Dessa forma, o fator população é obtido fazendo-se inicialmente a relação entre a população do Município específico e a soma das populações de todos os Municípios da Reserva, para extrair então o fator resultante da Tabela II. Como o fator renda per capita é calculado por Estado, o conjunto de municípios da Reserva pertencente a um mesmo Estado terá o fator com valores iguais, que são dados por meio das faixas da Tabela III.

Ilustra-se a seguir um caso do ano de 2010, por exemplo, o município de Passo Fundo (RS). A Decisão Normativa do TCU para aquele ano foi a de n. 101, de 18 de novembro de 2009, cujo Anexo VI lista os percentuais individuais de participação dos Municípios da Reserva no FPM. A Tabela V apresenta os dados necessários para esse exemplo, extraídos do referido Anexo.

Em consequência, num determinado decêndio de 2010, se o montante de FPM distribuído fosse R$ 1.000.000.000,00, a cota da Reserva seria 3,6% desse valor, ou seja, R$ 36.000.000,00, e Passo Fundo faria jus a R$ 36.000.000,00 x 0,526162% = R$ 189.418,32.

Mas... esse não é um valor muito baixo de FPM para um município com mais de 180 mil habitantes?

Calma, o cálculo para Passo Fundo ainda não terminou! Essa é a parcela que lhe cabe como município da Reserva; há ainda outra como município do Interior. Visite o link do portal do TCU anteriormente mencionado se você quiser dados mais completos sobre os percentuais.

Os municípios do Interior são aqueles que não são capitais, sendo que os da Reserva também participam acumulativamente desse critério.

A norma legal vigente nesse caso é o Decreto Lei n. 1.881, de 27 de agosto de 1966, ratificado pela Lei Complementar n. 62, de 28 de dezembro de 1989, documentos estes que levam a duas tabelas: uma, de percentuais de participação dos Estados no FPM (Tabela VI); outra, de coeficientes por faixa de habitantes municipais (Tabela VII). A Tabela VI vem sendo reemitida anualmente pelas Decisões Normativas do TCU que tratam das repartições do FPE/FPM. A Figura 5 ilustra os números dessa Tabela.

Voltando ao exemplo de Passo Fundo, o Anexo x da Decisão Normativa TCU n. 101/2009 lista os percentuais individuais de participação dos municípios do Interior no FPM de 2010. A Tabela VIII apresenta os dados necessários para esse exemplo, extraídos do referido Anexo.

Assim, num determinado decêndio de 2010, se o montante de FPM distribuído fosse R$ 1.000.000.000,00, a cota do Interior seria 86,4% dessa importância, ou seja, R$ 864.000.000,00, dos quais 7,3011% = R$ 63.081.504,00 seria a parcela do Rio Grande do Sul, e Passo Fundo faria jus a 0,849979% desse último valor, ou seja, R$ 536.179,54.

Como Passo Fundo faz parte também da Reserva, seu total a receber seria, nesse exemplo: R$ 189.418,32 + R$ 536.179,54 = R$ 725.597,86.

Caso o município não pertencesse à Reserva, o montante total a receber seria somente aquele calculado (...) pelo TCU. (...)

Alteração da quantidade de habitantes do município

Isto ocorre de ano para ano, em geral com aumento: o IBGE avalia anualmente a variação populacional no Brasil todo e apresenta os novos números ao TCU.

Usando o exemplo do Rio Grande do Sul acima apresentado, em 2008 a sua população total era de 9.424.994 (IBGE, referência 1º de julho de 2008), o que resultou num somatório dos coeficientes de faixa de habitantes para o Estado de 469,4 (Decisão Normativa TCU n. 92, de 19 de novembro de 2008, Anexo X). Passo Fundo tinha então 185.882 habitantes, ou seja, continuou com coeficiente de faixa de habitantes igual a 4,0; logo, seu percentual como FPM Interior para 2009 resultou em 0,852152%. Comparando os números desse município de 2009 para 2010, sua população cresceu em 1.625 pessoas; entretanto, seu coeficiente de participação no FPM Interior diminuiu 0,002173 pontos percentuais. Isto ocorreu porque, segundo dados do IBGE para os anos de 2008 e 2009, o crescimento da população do Rio Grande do Sul provocou a subida dos coeficientes de faixa populacional de vários municípios do Estado, resultando num aumento de seu somatório; como o coeficiente de Passo Fundo permaneceu 4,0, seu percentual de participação caiu. (...)

Comparando agora os números de Porto Alegre de 2009 e 2010, sua população cresceu em 5.903 pessoas; entretanto, seu coeficiente de participação no FPM Capital diminuiu 0,001127 pontos percentuais. Isso ocorreu porque, segundo dados do IBGE para os anos de 2008 e 2009, o aumento da população das capitais brasileiras aliado à variação das rendas per capita estaduais resultaram num aumento do somatório dos coeficientes das capitais (pequeno, de 118,15 para 118,20); como o coeficiente de Porto Alegre permaneceu 3,15, seu percentual de participação caiu.

Pode acontecer de a população de um Município diminuir de um ano para o outro, como nos casos de êxodo rural; nesse caso, o seu coeficiente de faixa populacional diminuirá e, muito provavelmente, seu percentual de participação no FPM também.

Criação de novo município

É uma situação na qual o novo município passará a receber percentual individual de participação; como a cota de um Estado no total do FPM é fixa, os percentuais individuais de participação dos municípios existentes anteriormente naquele Estado certamente cairão. Já municípios de outros Estados não serão afetados.

Dois municípios do interior com mesmo coeficiente por faixa de habitantes têm percentuais individuais de participação no FPM iguais?

Depende: se eles pertencerem ao mesmo Estado, a resposta é sim; caso contrário, não.

[Para saber os percentuais que cada um dos Municípios irá receber] é necessário considerar ainda as cotas de cada Estado, que são 2,0883% para Alagoas e 14,1846% para Minas Gerais (...). Assim, num decêndio no qual a quantia total de FPM distribuída fosse R$ 1.000.000.000,00, os municípios do exemplo em questão receberiam, em 2009:

- AL, coeficiente populacional 0,8: R$ 1.000.000.000,00 x 86,4% x 2,0883% x 0,694444% = R$ 125.297,92;
- MG, coeficiente populacional 0,8: R$ 1.000.000.000,00 x 86,4% x 14,1846% x 0,096876% = R$ 118.726,33.

Conclui-se, dessa forma, que municípios com mesmo coeficiente por faixa de habitantes de um mesmo Estado têm percentuais individuais de participação no FPM iguais, e também recebem a mesma quantia; ao se comparar municípios de Estados diferentes, os respectivos coeficientes individuais de participação são diferentes, assim como os valores a que eles têm direito.

Como têm evoluído os repasses do FPM

Como comentado anteriormente, as transferências a título de FPM iniciaram-se em 1967, há mais de 40 anos. Para esta publicação, levantaram-se dados referentes à década de 2002 a 2011, que são apresentados na Tabela XI (com desconto FUNDEF/FUNDEB) e ilustrados pela Figura 6. A Figura 7, por sua vez, mostra a distribuição dos recursos por região geográfica. (...)

Quais descontos e retenções incidem sobre o FPM?

Para as transferências normais, desconto de 1% referente ao PASEP e retenção de 20% relativos ao FUNDEB.

Cabe ressaltar que, tratando-se de FPM, ambas as deduções incidem sobre o valor bruto da transferência, ou seja, para cada R$ 100 brutos a serem repassados, R$ 1 é descontado a título de PASEP e R$ 20 são retidos para o FUNDEB, restando para o município R$ 79 líquidos de FPM. Isso ocorre para atender a Solução de Divergência COSIT n. 2, de 10 de fevereiro de 2009, da Coordenação Geral de Tributação da Receita Federal do Brasil, publicada no Diário Oficial da União em 12 de fevereiro de 2009.

Sobre o 1% anual repassado no 1º decêndio de dezembro, não incide o desconto do FUNDEB, somente aquele relativo ao PASEP.

Por que não há retenção do FUNDEB sobre 1% da EC 55/2007?

O Fundo de Manutenção e Desenvolvimento da Educação Básica e de Valorização dos Profissionais da Educação (FUNDEB) foi instituído pela Emenda Constitucional 53, de 19 de dezembro de 2006, e regulamentado pela Medida Provisória 339, de 28 de dezembro do mesmo ano, convertida na Lei n. 11.494, de 20 de junho de 2007, tendo sido iniciada a sua implantação em 1º de janeiro de 2007.

A Medida Provisória, depois transformada em Lei, que criou o FUNDEB nomina um a um os fundos e tributos que o compõem, quais sejam:

- Fundo de Participação dos Estados (FPE);
- Fundo de Participação dos Municípios (FPM) (parcela de 22,5%);
- Imposto sobre Circulação de Mercadorias e Serviços (ICMS);
- Imposto sobre Produtos Industrializados proporcional às Exportações (IPI-Exportação);
- Desoneração de Exportações (Lei Complementar n. 87/1996);
- Imposto sobre Transmissão Causa Mortis e Doações (ITCMD);
- Imposto sobre Propriedade de Veículos Automotores (IPVA);
- Quota Parte de 50% do Imposto Territorial Rural devida aos Municípios (ITR) ou 100% do valor do imposto, caso seja arrecadado pelo próprio Município;
- Receitas da dívida ativa e de juros e multas, incidentes sobre as fontes acima relacionadas.

Como a Emenda Constitucional n. 55/2007 foi promulgada em data posterior à legislação do FUNDEB, o 1% anual não consta dessa lista; por conseguinte, não incide sobre ele essa retenção.

> Nosso sistema político não contém contrafreios que permitam refrear os maléficos políticos, não podemos remover do poder aqueles que não cumprem o que prometeram ao longo de suas campanhas políticas.

Curiosidades

Como já dissemos aqui, a partir de 2015, o Brasil ganhou mais cinco municípios: Pescaria Brava e Balneário Rincão, em Santa Catarina; Mojuí dos Campos, no Pará; Pinto Bandeira, no Rio Grande do Sul e Paraíso das Águas, no Mato Grosso do Sul. Com esses acréscimos, o país passou a ter 5.570 municípios espalhados pelos 27 Estados brasileiros.

Essas cidades têm orçamentos que giram em torno de R$ 12 milhões anuais; cada uma passou a ter nove vereadores – o número estabelecido para localidades com até 15 mil eleitores. Em alguns casos, imóveis foram improvisados para servir de sede para a prefeitura, secretarias e câmara enquanto um novo local não é escolhido para abrigar a representação do Executivo e do Legislativo locais.

Dois municípios brasileiros têm menos de mil habitantes: Serra da Saudade (MG), com 822, e Borá (SP), com 835. Araguainha (MT) é o terceiro município menos populoso do país, com mil habitantes. Na menor cidade do país, Serra da Saudade, com seus atuais 822 habitantes (segundo o IBGE), o orçamento anual é de R$ 13 milhões, com repasse de verbas estaduais e federais. Os números do funcionalismo impressionam: 212 pessoas são empregadas pela administração pública e ganham, em média, um salário mínimo e meio. O número equivale a 25,8% dos moradores. Outra curiosidade: com nove vereadores, o município tem um número de **eleitores superior ao de habitantes: 954 (Fonte: TSE)**

Mais exemplos:

Brasilândia de Minas (MG)

- População: 15.727
- Eleitores: 10.177
- Número de vereadores: 9
- Receita: R$ 24.900
- Despesas: R$ 23.817
- Nível de investimento com pessoal: 14,98%

Caconde (SP)

- População: 18.976
- Eleitores: 10.868
- Número de vereadores: 9
- Receita: R$ 45.848
- Despesas: R$ 43.300
- Despesas com pessoal e encargos sociais: 50,81%

Bastos (SP)

- População: 21.061
- Eleitores: 17.245
- Número de vereadores: 11
- Número de funcionários (Executivo): 922
- Receita: R$ 45.378
- Despesas: R$ 43.287
- Despesas com pessoal e encargos sociais: 58,82%

A regra para definir o número de parlamentares municipais segue os fundamentos do artigo 29 da Constituição Federal, e da Emenda n. 58, de 2009, que, no inciso IV, estipula um número máximo de vereadores conforme o número de habitantes do município. No entanto, o que estabelece de fato a quantidade de vereadores é a Lei Orgânica de cada município em consonância com o previsto na Constituição Federal.

Os municípios têm a cada nova legislatura, ou seja, de quatro em quatro anos, para definir o número de vereadores que constituirão a câmara municipal, data em que se inicia o processo eleitoral, quando os partidos definem seus candidatos.

Questão ambiental e os municípios

Diante da situação aqui mostrada, abordaremos agora problemas cruciais do ponto de vista da deficiência e da ausência de metas administrativas municipais, uma questão que ganha contornos alarmantes. De acordo com a Pesquisa de Informações Básicas Municipais (Munic), realizada pelo IBGE com dados do ano de 2015, somente metade dos 5.570 municípios possui Plano Diretor (instrumento básico de desenvolvimento e expansão urbana, obrigatório para cidades com mais de 20 mil habitantes, conforme estabelece a Constituição Federal, art. 182, § 1º).

A pesquisa abordou seis temas: articulação interinstitucional (relação com outros municípios, Estados e União), recursos humanos, legislação e instrumento de planejamento, recursos para gestão, área ambiental, terceirização e informatização da máquina pública.

Dentre os dados apontados nessa pesquisa, destacam-se alguns que se relacionam diretamente às questões da corrupção e gestão pública:

- Crescimento de 37,4% do funcionalismo municipal na última década.
- Aumento da terceirização dos serviços: 85,8% de assessoria e 85,6% das prefeituras contratam empresas para executar serviços públicos.

Na área ambiental:

- Somente 22% dos municípios elaboraram a Agenda 21.
- Apenas 30,4% dos municípios realizam licenciamento ambiental.
- Falta de corpo técnico com expertise para desempenhar as funções necessárias ao segmento.

- Cerca de 10% das prefeituras possuem algum tipo de sistema de informações geográficas.
- Em São Paulo, capital paulista, a maior metrópole da América Latina, estão sendo reciclados só 2,5% das 3,4 milhões de toneladas de lixo por ano geradas pela população paulistana. A cidade do Rio de Janeiro, por exemplo, não possui sistema de coleta seletiva. Como foco a garantia do direito à cidade de todos e todas e ausência de visão de longo prazo e das oportunidades de desenvolvimento econômico e humano que tais políticas podem gerar contribuem – e muito – para o cenário de desigualdade e insustentabilidade ambiental que vemos na maioria das cidades brasileiras.

Gastos da Justiça Eleitoral com eleições a cada dois anos

Transcrevemos abaixo a Resolução n. 23.459, de 15 de dezembro de 2015, do Tribunal Superior Eleitoral (TSE), que dispõe sobre os limites de gastos para os cargos de vereador e de prefeito nas eleições municipais de 2016.

O Tribunal Superior Eleitoral, no uso das atribuições que lhe conferem o art. 23, inciso IX, do Código Eleitoral e os arts. 18 e 105 da Lei n. 9.504, de 30 de setembro de 1997, resolve expedir a seguinte instrução:

> Art. 1º O limite de gastos nas campanhas eleitorais dos candidatos às eleições para prefeito e vereador em 2016 será definido com base nos valores previstos no Anexo, que representam os maiores gastos declarados, na respectiva circunscrição, na eleição de 2012, observado o seguinte:
>
> I – Nas eleições para prefeito, para o primeiro turno, o limite será de (Lei n. 13.165/2015, art. 5º, inciso I):

a) setenta por cento do maior gasto declarado para o cargo em 2012, na circunscrição eleitoral em que houve apenas um turno;
b) cinquenta por cento do maior gasto declarado para o cargo em 2012, na circunscrição eleitoral em que houve dois turnos;

II – para o segundo turno das eleições para prefeito, onde houver, o limite de gastos será de trinta por cento do valor previsto no inciso I (Lei n. 13.165/2015, art. 5º, inciso II).

III – o limite de gastos nas campanhas eleitorais dos candidatos às eleições para vereador será de setenta por cento do maior gasto contratado na circunscrição para o respectivo cargo na eleição de 2012 (Lei n. 13.165/2015, art. 6º).

IV – os valores constantes do Anexo serão atualizados monetariamente de acordo com a variação do Índice Nacional de Preços ao Consumidor (INPC) da Fundação Instituto Brasileiro de Geografia e Estatística (IBGE), ou por índice que o substituir (Lei n. 13.165/2015, art. 8º, inciso II).

§ 1º Nos municípios de até dez mil eleitores, o limite de gastos será de R$ 100.000,00 (cem mil Reais) para prefeito e de R$ 10.000,00 (dez mil reais) para vereador, ou o estabelecido no *caput* se for maior (Lei n. 13.165/2015, art. 5º, parágrafo único).

§ 2º Para efeito do disposto no § 1º, será considerado o número de eleitores existentes no município na data do fechamento do cadastro eleitoral previsto no art. 91 da Lei n. 9.504/1997.

§ 3º Os limites previstos no § 1º também serão aplicáveis aos municípios com mais de dez mil eleitores sempre que o cálculo realizado na forma do *caput* resultar em valor inferior ao patamar previsto para cada cargo.

Art. 2º O Tribunal Superior Eleitoral atualizará monetariamente os valores constantes do Anexo, na forma do inciso IV do art. 1º.

§ 1º A atualização dos valores terá como termo inicial o mês de outubro de 2012 e como termo final o mês de junho do ano de 2016.

§ 2º Os valores atualizados serão divulgados por ato editado pelo Presidente do Tribunal Superior Eleitoral, cuja publicação deverá ocorrer até o dia 20 de julho do ano da eleição (Lei n. 13.165/2015, art. 8º, inciso I).

§ 3º O Tribunal Superior Eleitoral manterá a divulgação dos valores atualizados relativos aos gastos de campanha eleitoral na sua página na internet, para efeito de consulta dos interessados (Lei n. 13.165/2015, art. 8º, inciso I).

Art. 4º O limite de gastos para os municípios criados após a eleição de 2012 será calculado conforme o limite de gastos previsto para o município-mãe, procedendo-se ao rateio de tal valor entre o município-mãe e o novo município de acordo com o número de eleitores transferidos, observando, quando for o caso, os valores mínimos previstos no § 1º do art. 1º.

Art. 5º. Esta resolução entra em vigor na data de sua publicação.
Brasília, 15 de dezembro de 2015.

Essa resolução define as diretrizes para os gastos dos candidatos nas eleições municipais de 2016. Conforme visto, cada candidato a prefeito nos municípios com até 10 mil eleitores pode gastar até R$ 100 mil.

Esse montante considera apenas os gastos de um candidato por município, o que não é verdade em uma realidade de 33 partidos políticos atualmente em funcionamento no Brasil. Resta claro que, dificilmente, teremos apenas um candidato a prefeito por cidade.

Mesmo raciocínio vale em relação aos gastos dos vereadores, cujo valor estipulado é R$ 10 mil por candidato. Basta pensarmos no número de candidatos à vereança a cada eleição, considerando o número de partidos políticos que temos, para chegarmos à conclusão de que muitíssimo se gasta nesses processos eleitorais.

O Brasil carrega esse fardo há décadas, sem se preocupar com os gastos absurdos que geram desigualdade social e desequilíbrio no sistema econômico nacional. Toda essa montanha de recursos alimenta as campanhas eleitorais e sai exatamente de impostos pagos por toda a sociedade.

18

Eleições 2016

A partir deste ano, com as alterações promovidas pela Reforma Eleitoral de 2015 (Lei n. 13.165), o teto máximo das despesas dos candidatos foi definido com base nos maiores gastos declarados na circunscrição eleitoral anterior; no caso, as eleições de 2012.

De acordo com essa norma, no primeiro turno do pleito para prefeito o limite é de 70% do maior gasto declarado para o cargo em 2012. No entanto, se a última eleição tiver sido decidida em dois turnos, o limite de gastos é de 50% do maior gasto declarado para o cargo no pleito anterior.

Nas cidades onde houvesse segundo turno em 2016, a lei previa que haveria um acréscimo de 30% a partir do valor definido para o primeiro turno.

No caso das campanhas eleitorais dos candidatos às eleições para vereador, o limite de gastos também é de 70% do maior valor declarado na última eleição.

A norma diz ainda que nos municípios com até 10 mil eleitores, o limite de gastos é de R$ 100 mil para prefeito e de R$ 10 mil para vereador. Nesse caso, deveria ser considerado o número de eleitores existentes no município na data do fechamento do cadastro eleitoral.

Os limites previstos também seriam aplicáveis aos municípios com mais de 10 mil eleitores sempre que o cálculo realizado do maior gasto declarado resultasse em valor inferior ao patamar previsto para cada cargo.

Da forma de atualização

Os valores constantes nos anexos seriam atualizados monetariamente de acordo com a variação do Índice Nacional de Preços ao Consumidor (INPC) da Fundação Instituto Brasileiro de Geografia e Estatística (IBGE), ou por índice que o substituir.

O cálculo seria feito tendo como base o período de outubro de 2012 a junho de 2016. Os valores corrigidos seriam divulgados por ato editado pelo presidente do TSE, cuja publicação deveria ocorrer até o dia 20 de julho do ano da eleição.

O TSE manteria a divulgação dos valores atualizados relativos aos gastos de campanha eleitoral na sua página na internet para efeito de consulta dos interessados.

Um comparativo

O montante gasto pelos partidos nas eleições de 2014 equivale ao orçamento do mesmo ano do Estado do Rio de Janeiro (R$ 75,9 bilhões), o terceiro maior do país, atrás somente dos orçamentos da União e do Estado de São Paulo. O valor seria suficiente para organizar três Copas do Mundo, pois o Mundial teve um custo total de R$ 25,8 bilhões, considerando-se os gastos nas três esferas (União, Estados e Municípios).

A diferença é que a Copa do Mundo foi bancada, sobretudo, por dinheiro público, enquanto as campanhas o são, majoritariamente, por meio de doações feitas por empresas. Caso esse montante fosse aplicado em necessidades reais, como na educação, resolveria o problema de falta de vagas no país, considerando-se que o custo de uma escola e/ou de uma creche fica em torno de R$ 1 milhão, segundo cálculos baseados nos *Diários Oficiais* da União, dos Estados e dos Municípios.

Esse montante seria suficiente para construir 76 mil unidades, o que resolveria, sem dúvida, o déficit de creches e escolas no Brasil.

Diante desses fatos, é preciso refletir sobre os rumos que queremos para o nosso futuro e, sobretudo, rever a realização de eleições a cada dois anos. Nossa proposta é que as eleições sejam concentradas em pleitos gerais a cada cinco anos, o que demandaria uma proposta de emenda constitucional a ser votada no Congresso.

No subtítulo "Curiosidades" citamos apenas alguns municípios das 27 unidades federativas, impropriamente chamadas Estados Brasileiros, para demonstrar a quantidade de dinheiro gasto nas eleições municipais de 2012.

Na grande maioria desses municípios, a população vive em condições miseráveis, porém o dinheiro para as campanhas políticas nunca falta. É importante observar que o que consta da lista do TSE é apenas o maior valor declarado por um candidato a prefeito e um candidato a vereador por cidade, o que não revela o gasto total na eleição daquele município, devendo-se levar em consideração que temos 35 partidos em atividade no Brasil, e que cada cidade tem no mínimo nove vereadores.

Cifras das eleições – TSE – Justiça Eleitoral – Cofres públicos

O que os especialistas apontam como um sério problema no sistema de votação no Brasil é a concentração de poder na Justiça Eleitoral, pois quem administra o sistema também é responsável pelo julgamento dos questionamentos. É uma situação polêmica, e há dúvidas quanto à inviolabilidade do sistema de votação e apuração.

Ainda de acordo com o TSE, o custo de voto por eleitor para a realização das eleições é de R$ 4,80 (dado de 2014). Temos perto de

142 milhões de eleitores; portanto, o custo aproximado é de R$ 680 milhões por eleição no Brasil só com a atividade de voto e apuração, sem contar todas as outras despesas inerentes.

Os números divulgados pelo TSE[19] na eleição de 2014 são:

- Valor do voto por eleitor: R$ 4,80.
- Custo aproximado de R$ 680 milhões por eleição (cofres públicos).
- A propaganda eleitoral obrigatória no rádio e na televisão custou cerca de R$ 840,5 milhões aos cofres públicos no pleito de 2014.
- Esse valor representa um aumento de quase 39% em comparação às eleições de 2010.

Na eleição de 2010, foram gastos R$ 604,2 milhões, quando também foram eleitos presidente e governadores, senadores, deputados federais e estaduais.

Custos por partido nas eleições de 2014

Compradas ao pleito de 2010, as campanhas eleitorais no ano de 2014 foram as mais caras do país. O levantamento realizado pelo TSE informou que o custo final de todos os candidatos somou R$ 73,9 bilhões, um valor recorde em comparação às eleições de 2010.

No caso dos candidatos majoritários, a cifra ficou em aproximadamente R$ 5 bilhões, dos quais 60% foram gastos por candidatos de apenas três partidos: PT, PSDB e PMDB. Especificamente, os presidenciáveis do PT e do PSDB registraram cifras que ultrapassam R$ 1 bi, destacadas da seguinte forma:

---

19 Fonte: <www.tse.jus.br/eleicoes2014>.

- PT – R$ 1,121 bilhão.
- PSDB – R$ 1,038 bilhão.
- O restante ficou a cargo do PMDB.

Também foi divulgada pelo TSE a soma do limite de gastos das campanhas de todos os candidatos registrados na Justiça Eleitoral: R$ 75,9 bilhões. Há quatro anos, a soma do teto de despesas ficou estabelecida em R$ 48,4 bilhões.

Considerando as disputas para todos os cargos (presidente, governador, senador, deputado federal e deputado estadual), o limite médio de gastos com campanhas é de R$ 2,9 milhões por candidato. Em 2010, a média por candidato foi de R$ 2,1 milhões. Descontada a inflação do período (27,4%, segundo o IPCA), as campanhas ficaram, em média, 6,8% mais caras. A mais barata é a de deputado estadual, com limite médio de gastos de R$ 2,4 milhões, seguida das de deputado federal (R$ 3,6 milhões), deputado distrital (estadual) (R$ 5,4 milhões) e senador (R$ 5,6 milhões).

Segundo a legislação eleitoral, após a Constituição de 1988, as empresas ficaram proibidas de contribuir para as campanhas. Apenas pessoas físicas podiam fazer doações. O resultado, segundo o TSE, foi que tivemos o período em que mais ocorreu financiamento irregular de campanhas por meio do popular "caixa dois".

O custo do chamado Horário Eleitoral Gratuito

A propaganda eleitoral obrigatória no rádio e na televisão custou, em 2014, cerca de R$ 840,5 milhões aos cofres públicos, de acordo com estimativa da Receita Federal. O governo deveria arrecadar esse valor das emissoras em impostos, mas o montante é convertido em renúncia fiscal para que a propaganda eleitoral ocupe a grade de programação das rádios e das TVs.

Esse custo representa um aumento de quase 39% em relação aos R$ 604,2 milhões que deixaram de ser recolhidos aos cofres públicos em 2010, quando também foram eleitos presidente e governadores, senadores, deputados federais e estaduais.[20] Em 2008, quando a eleição se limitou a prefeitos e vereadores, as concessionárias autorizadas a explorar os serviços de radiodifusão descontaram, a título de ressarcimento pela divulgação do horário eleitoral, R$ 420,3 milhões dos impostos devidos.

Nas delações da Odebrecht na Lava Jato, finalmente se comprova o que tenho afirmado: a venda do horário eleitoral de um partido para outro. Diz o delator[21] que pagou, em dinheiro, para sete partidos a compra do tempo de rádio e TV, sendo a quantia de R$ 7 milhões para cada partido. Segundo o delator, esse pagamento foi para os extremos da chamada direita e esquerda – do PP ao PCdoB.

Como vemos, além dos pagamentos em dinheiro, todos eles ocuparam posições na administração Dilma, o que dobra nosso prejuízo!

A experiência de outros países

Dados do TSE mostram que o Brasil teve em 2014 a eleição mais cara da sua história. Porém, ainda não há estudo comparativo como o do cientista político norte-americano e brasilianista David Samuels,

---

[20] O cálculo não leva em conta a inflação do período.

[21] Esse delator foi Marcelo Bahia Odebrecht e também Ricardo Saud – delator da JBS, dentre outros. Isso foi confirmado pelos ex-dirigentes do partido PROS – Niomar Calazans e Henrique José Pinto – fonte da confirmação: <http://www.em.com.br/app/noticia/politica/2017/04/30/interna–politica,866105/ex-dirigentes-do-pros-confirmam-que-pt-comprou-tempo-de-tv-do-partido.shtml>.

publicado em 2006, que continua a ser referência. Samuels comparou os gastos eleitorais de 1994 no Brasil, orçados entre US$ 3,5 bilhões e US$ 4,5 bilhões, com os dos Estados Unidos em 1996, cerca de US$ 3 bilhões.

Além de superior em valores nominais, os gastos no Brasil não incluem o chamado horário eleitoral gratuito, que se trata, de fato, de benefício fiscal concedido às emissoras de rádio e TV. Nos EUA, os candidatos gastam boa parte de suas verbas de campanha com rádio e TV.

Exemplos de modelo de campanha em outros países[22]

Estados Unidos: até o final de 2003, vigorava regra estrita para as contribuições diretas de indivíduos a candidatos (não podiam ser superiores a US$ 1 mil por ano e por ciclo eleitoral) e a partidos (não podiam ultrapassar US$ 25 mil por ano e por ciclo eleitoral). Havia uma brecha legal que permitia doações acima desses limites por empresas, sindicatos e indivíduos. Propaganda nos meios de comunicação em torno de temas específicos de interesse dos financiadores também podia ser custeada por empresas e sindicatos, só que o escândalo da Enron demonstrou a fragilidade do sistema. O Congresso aprovou alterações na legislação, impondo restrições severas ao uso do chamado *soft money*, e estabeleceu novos limites para as contribuições de pessoas físicas e jurídicas.

Alemanha: ao contrário do Brasil, o princípio que rege a legislação sobre financiamento de campanhas é o da proteção de partidos e candidatos contra a influência de grandes financiadores. Os gastos eleitorais são reembolsados pelo governo. Há também subsídio público a contribuições e doações privadas.

---

[22] Dados extraídos do site do Senado, em: <http://www12.senado.leg.br/hpsenado>.

França: optou pelo financiamento público de campanhas, proibindo as contribuições de pessoas jurídicas e sindicatos.

Canadá: o financiamento é misto. O financiamento público consiste em renúncia fiscal de parte do Imposto de Renda dos doadores a partidos e candidatos, e reembolso parcial dos gastos de campanha. A legislação canadense não limita as contribuições privadas a campanhas.

19

Propostas para realizar as mudanças

A seguir, trazemos algumas reflexões sobre de quais mecanismos institucionais dispomos para realizar as necessárias mudanças.

Prioridade de convocação de uma Constituinte exclusiva externa ao Congresso

É necessária a convocação de uma Constituinte específica para resolver as seguintes questões:

- Reforma eleitoral.
- Revisão do sistema de indicação de ministros para os Tribunais Superiores e de Contas.
- Reavaliação dos atuais critérios de criação de novos municípios, estabelecendo a regra de, no mínimo, 20 mil habitantes. Nesse contexto, promover a reabsorção dos atuais municípios com população inferior a esse número.
- Revisão do pacto federativo entre Estados e Municípios, visando direcionar e aumentar a autonomia e o crescimento das unidades administrativas do país.

Atualmente, o Congresso Nacional esquiva-se da discussão em profundidade de tais questões, quer por interesse corporativo, quer por causa da destruição de suas bases eleitorais. Por isso, essa Constituinte deverá ser composta de renomados juristas nacionais, isentos de qualquer interesse menor na formulação de matéria da mais alta complexidade.

Reforma eleitoral

- Unificar a eleição de vereador à de presidente da República na mesma data, o que geraria economia dos vultosos recursos gastos a cada dois anos.
- Instituir moratória partidária de um ano, com a extinção dos atuais partidos, e a reorganização de, no máximo, três partidos políticos, e candidatura avulsa como forma de refrear a ditadura dos partidos políticos.
- Estabelecer o financiamento privado das eleições com limites máximos de gastos, sob rígido controle estatal.
- Acabar com a obrigatoriedade do voto.
- Criar regras claras para escolha dos candidatos.
- Estabelecer mandatos de cinco anos para cargos eletivos: vereador, deputado estadual e deputado federal, senador, prefeito, governador e presidente da República.
- Fim da reeleição nos cargos do Poder Executivo (nas três esferas), e o estabelecimento do limite de dois mandatos consecutivos para os parlamentares. Um parlamentar com 20 ou 30 anos de exercício no Legislativo torna-se sócio majoritário do governo nas indicações de cargos públicos ao longo dos anos, e cria sérias distorções administrativas, além de brechas para corrupção.
- Extinguir o horário eleitoral gratuito no rádio e na televisão. Na propaganda eleitoral, apresentam-se diariamente, no período de

90 dias, candidatos de 35 partidos. As emissoras apresentam a conta à sociedade por meio de abatimento dos valores no imposto. Desse modo, quem paga a conta é o povo. Em 2014, esse custo foi de R$ 840,5 milhões;

- Acabar com o trampolim político largamente utilizado no Brasil. Um candidato perde a eleição para deputado federal, mas "aceita" fazer um "bico" como vereador até a próxima eleição para o cargo desejado. Essa ciranda se torna um círculo vicioso e cria uma nova categoria de trabalho: os políticos profissionais.

Pacto federativo entre União, Estados e municípios

Com frequência escutamos algum parlamentar falar no chamado "pacto federativo" quando, em um discurso, busca criticar as relações estabelecidas entre a União e os demais entes da nação. Diz-se haver um desequilíbrio, uma centralização, uma deturpação das relações que se almejam federativas. Mas, afinal, do que, de fato, se trata o pacto federativo?

Primeiro, não nos cabe aqui traçar um longo histórico das configurações das relações entre o poder central e as unidades administrativas do Brasil, o que nos faria remontar ao Brasil Colônia, passando pelo Império e desembocando nas diversas fases da República Brasileira.

Vamos partir do entendimento do que vem a ser o pacto federativo e seus desafios, tomando como base o texto constitucional, a base jurídica que organiza as relações entre União, Estados e municípios na forma de uma federação (ainda que possa haver dúvidas se de fato somos uma federação!).

A Constituição Federal estabelece em seu título VI – Da tributação e do orçamento (artigos 145 a 162) a organização das competências tributárias, a taxatividade dos tributos, as limitações do poder de tributar e, especialmente, o que mais nos interessa aqui, a repartição das receitas tributárias.

Tal repartição, em tese, é o que garante a sustentabilidade e a garantia de desenvolvimento e promoção de políticas públicas no nível local (veja a seção sobre os municípios brasileiros). Por determinação constitucional, União, Estados e municípios devem realizar o planejamento de suas políticas, pois a divisão do bolo da arrecadação está determinada constitucionalmente, e, portanto, tal repartição, obrigatoriamente, precisa ser respeitada.

Essa é a teoria. Na prática, esse sistema acarreta gritantes distorções econômicas, injustas para as unidades federativas – os Estados –, e exige, urgentemente, reforma pela autonomia dessas unidades e a implantação de políticas econômicas capazes de desenvolver integralmente cada localidade regional.

No fundo, há um descompasso entre a autonomia e a descentralização determinadas constitucionalmente e a centralização de políticas econômicas que interferem diretamente na distribuição dos recursos e na arrecadação dos tributos realizada diretamente pelos entes federativos. Esse modelo gera fortes conflitos entre Estados e regiões por causa da desproporção entre as regras de arrecadação e de destinação de recursos gerados e distribuídos, o que sinaliza o esgotamento desse modelo. Em levantamento realizado em 2013 pela Receita Federal, três Estados saíram da situação de sustentados para superavitários, atualmente totalizando 16. Em 2009, eram 19 os Estados deficitários. Esses dados mostram uma forte distorção em relação ao Distrito Federal. No resultado da Capital Federal, concentram-se os impostos pagos por órgãos públicos, como o Banco do Brasil, a Caixa Econômica Federal e a Petrobras, dentre outros, além de conter as retenções do Imposto de Renda de todo o funcionalismo público federal.

Mesmo com essas imensas distorções econômicas, cada Estado, ainda que deficitário, mantém uma quantidade imensa de municípios, uma das maiores causas da ineficiência da gestão pública e do desperdício de recursos, como mostramos no item que tratou dos municípios brasileiros.

Não discutimos o avanço constitucional, que foi a garantia da autonomia dos municípios preconizada pela Constituição de 1988. Sem dúvida, garantir a autonomia desses entes federativos, especialmente sua autonomia legislativa na elaboração de suas leis orgânicas, é fundamental para a consolidação da democracia, afinal, é no território das cidades que as pessoas vivem, trabalham, estudam, lutam e sonham. Tal autonomia, diante de nosso passado autoritário, garante que cada município possa eleger e escolher quais caminhos deseja que sua população trilhe.

No entanto, como demonstramos, a relação de constituição de novos municípios parece responder a anseios clientelistas, e não à construção de territórios autônomos e democráticos. De nada adianta autonomia política e administrativa se o sistema tributário brasileiro e a consequente repartição de receitas não garantem a gestão municipal verdadeiramente autônoma. Se na relação com os Estados o pacto federativo já se apresenta tão deficitário, na base da formação do Estado Brasileiro a situação é ainda pior, já que os municípios ficam à mercê dessas relações espúrias com os poderes federal e estadual, a depender de relações político-partidárias para a execução de políticas sociais que afetam diretamente a vida da população.[23]

Descomplicar a legislação

Condição fundamental para alavancar o crescimento é votar o Marco Regulatório, agenda política ampla com um abrangente conjunto de

[23] De acordo com informações da Confederação Nacional dos Municípios (CNM), estima-se que só 10% dos 5.570 municípios conseguem obter, por recursos próprios, as receitas necessárias para sustentar a máquina administrativa. Todos os demais dependem de recursos que a União e os governos estaduais lhe transferem.

estratégias para aperfeiçoar o ambiente jurídico e institucional relacionado às organizações da sociedade civil e suas relações de parceria com o Estado, a fim de garantir a segurança jurídica do país. Esse ambiente vai atrair investimentos de longo prazo e fortalecer nosso parque industrial, porque, para que o Brasil ocupe posição de destaque no cenário internacional, temos de exportar bens de consumo, e não apenas matéria-prima e produtos primários.

Atualmente, o país sofre um processo de desindustrialização; as indústrias sobreviventes lidam com uma situação de insegurança em razão da desconfiança generalizada causada pela incoerência dos agentes da administração pública. Se fossem adotadas diretrizes para efetivar a execução de projetos com transparência na aplicação dos recursos públicos, o empresariado e os investidores não sofreriam os impactos nocivos da corrupção e da incoerência administrativa e jurídica.

Modernizar a legislação trabalhista consiste em eliminar entraves burocráticos e criar leis específicas que permitam aumentar a competitividade e o diálogo entre patrões e empregados. Essa medida representaria um dos grandes avanços para atualizar e reformular a legislação do trabalho, fazendo com que os juízes, sobretudo os juízes de piso, obedeçam ao ordenamento jurídico pátrio, acabando com um sistema arcaico que, por vezes, mais se assemelha aos antigos justiceiros do que verdadeiramente a juízes aplicando a justiça propriamente dita.

Um juiz que não respeita a lei, não respeita o contrato, não respeita o ato jurídico perfeito, não poderia, em nossa modesta opinião, ostentar esse título. Ele não pode ser juiz de si mesmo; compete-lhe aplicar as leis, não as criar. A função de criar leis é do Congresso Nacional. Diversas vezes deparamos com a seguinte afirmação de juízes do Trabalho: "Na minha Vara, eu não aplico o Código Civil". Como isso é possível? Ao não aplicar o Código Civil, esse juiz joga por terra todo o ordenamento jurídico que regulamenta a atividade produtiva neste país. Nesse contexto estão incluídos a indústria, o comércio e os serviços, ou seja, todos os setores produtivos que deveriam gerar emprego e renda. Com essa visão míope, todo capital produtivo de nosso país recua, pois ninguém, ao montar uma empresa, quer celebrar um casamento eterno, como quer a aplicação da Justiça do Trabalho no Brasil. Aliás, só existe Justiça do Trabalho no Brasil.

A ela não importa se o cidadão fez o trespasse do seu negócio. Segundo o entendimento da maioria desses juízes, o empresário continuará eternamente responsável pelos empregados, mesmo que há anos não detenha mais nenhuma ingerência no comando da empresa após o registro de sua saída na Junta Comercial. Esse absurdo afugenta os empresários que querem produzir aqui. Com isso, permanecemos no atraso eterno.

Visando acabar com essa distorção na Justiça do Trabalho, que coloca o país em situação de extrema desvantagem perante o restante do mundo, e tentando de maneira inequívoca acabar com as bestialidades praticadas por alguns "juízes" do Trabalho, formulamos um projeto de lei que não inova a legislação atual, mas apenas expressa com clareza que os juízes do Trabalho têm de seguir o Código Civil Brasileiro, o que é básico em qualquer país minimamente civilizado.[24]

Além de todos os problemas enfrentados pelos brasileiros, temos ainda o desinteresse dos governantes em aplicar novas tecnologias que, além de resolver velhos e crônicos problemas das cidades – por exemplo: lixões; descarte indevido de pneus, restos de poda de árvores, resto dos açougues e frigoríficos em geral –, podem contribuir e muito para a limpeza do planeta e a consequente despoluição. Outro ponto positivo é o de baratear os custos da máquina pública, pela utilização dos produtos gerados pelo processamento do lixo. Para uma melhor compreensão, veja o capítulo a seguir.

[24] Para pesquisa ou por curiosidade, veja o PL 3871/2015, de autoria do deputado Alexandre Leite (www.camara.leg.br).

20

As fontes desperdiçadas de energia renovável no Brasil

Uma das maiores preocupações que assolam o planeta concentra-se na destinação do lixo, principalmente nos grandes centros urbanos, por uma questão de preservação ambiental e qualidade de vida. Os movimentos migratórios verificados em quase todo o mundo a partir de meados do século passado, consubstanciados pelo abandono da vida no campo e pela procura de novas oportunidades nos centros urbanos geradores de emprego, provocaram o crescimento populacional das cidades que, na maioria dos casos, não se estruturaram adequadamente no que concerne à coleta e à destinação dos resíduos sólidos.

Em décadas passadas, não houve a preocupação de um planejamento de política pública para o controle e ocupação das grandes metrópoles brasileiras. Negligenciou-se a capacidade técnica para administrar de forma racional a destinação dos resíduos tóxicos de origem industrial e doméstica, fato alarmante com consequências desastrosas para a saúde pública e a degradação ambiental.[25]

---

[25] Ações tímidas começaram a ser aplicadas a partir do século 21 no Estado de São Paulo. Em 2002, a Cetesb (Companhia Estadual de Saneamento Ambiental) publicou a primeira relação de áreas contaminadas com 255 locais. Depois de seis anos, a lista já alcançava mais de 2,5 mil pontos de contaminação. Somente na capital encontram-se em torno de 800 dessas áreas. A grande maioria são postos de combustíveis com vazamentos, mais de 30 depósitos de lixo relacionados e mais de 13 mil áreas potenciais de contaminação, cujo risco ainda necessita investigação e avaliação.

Com a diminuição de aterros sanitários e lixões, as cidades ficarão menos vulneráveis e catástrofes serão reduzidas. Mas o principal agravante é o desconhecimento total quanto à extensão dessa ameaça ambiental subterrânea.[26]

Tais resíduos, conhecidos como lixo urbano, são resultantes das atividades doméstica, comercial e industrial. Sua composição varia conforme a população, dependendo de sua situação socioeconômica, condições e hábitos de vida. Esses resíduos são basicamente classificados como matéria orgânica (restos de alimentos); papel e papelão (jornais, revistas, caixas, embalagens); plástico (garrafas, frascos, embalagens); vidro (garrafa, frascos, copos); metal (latas de cerveja e de alimentos), madeira (normalmente pedaços de móveis) e outros, tais como roupas, óleos de cozinha e de motor.

Mas existem outros tipos de resíduos diferentes dos comumente encontrados, também tóxicos; por exemplo, frascos de aerossol, pilhas, baterias das mais variadas espécies, lâmpadas fluorescentes, restos de medicamentos. Estes necessitam de um destino especial para que não contaminem o meio ambiente e, por consequência, os seres que nele habitam. Ainda há os altamente tóxicos, que igualmente necessitam de destinação específica, como dejetos industriais, lixo hospitalar e derivados de borracha, formados basicamente por pneus.

Na busca de soluções para o processamento dos resíduos sólidos coletados nas grandes concentrações urbanas, após uma longa e demorada pesquisa de tecnologias disponíveis, publicamos um artigo em 2010 sobre o trabalho de um grupo empresarial, com tradição de 80 anos

[26] Em nosso país, recentemente presenciamos situações como a tragédia do deslizamento do Morro do Bumba, no município de Niterói, região metropolitana do Rio de Janeiro. Em Santo André, na região metropolitana de São Paulo, a favela do Espírito Santo está instalada sobre o antigo lixão da cidade. Desativado em 1987, cerca de cinco mil pessoas ainda vivem na área. Na Vila Nova Cachoeirinha, zona norte de São Paulo, uma escola municipal, com mais de 280 alunos de 4 a 6 anos, foi construída sobre um lixão desativado.

de atuação no mercado, que desenvolveu pesquisas por mais de duas décadas e criou uma refinada tecnologia de ponta denominada Probem, capaz de transformar todo o lixo urbano em energia elétrica e outros produtos de valor econômico elevado por meio da instalação de um complexo termoelétrico.

O referido complexo é formado por dois reatores, um de pré-hidrólise e outro de baixa temperatura (CBT), e integrado por uma usina geradora de energia elétrica que transforma o lixo em energia limpa e renovável. Esse processo não envolve incineração, muito utilizada em alguns países, anulando assim emissões maléficas à saúde.

Tal tecnologia é capaz de transformar, por meio de processos termoquímicos, a biomassa, tanto vegetal quanto oleaginosa, em uma gama extensa de produtos químicos de grande uso na indústria.

Os resíduos sólidos são, na primeira etapa do processo, inseridos em um reator, que faz a "quebra" das moléculas da biomassa. Desse processo resulta um componente sólido, a celulignina, pó que dá origem a um tipo de gás que pode ser queimado em uma caldeira para cogeração de energia elétrica. O gás pode também ser usado como matéria-prima para a transformação em produtos químicos, como amônia, ureia, metanol e cinza fertilizante, por meio de uma tecnologia conhecida como GTL (*Gas to Liquid*), largamente empregada nas refinarias de petróleo. Nesse caso, o produto varia conforme o catalisador utilizado no processo.

Como ponto balizador dessa pesquisa, verificou-se a quantidade de emissão de dioxina, gás carbônico, enxofre, dentre outros elementos nocivos à saúde da população e os danos ambientais. Além disso, foram analisadas as condições de processamento da matéria orgânica e dos demais componentes presentes na coleta urbana.

A instalação dessa tecnologia em uma cidade como São Paulo a colocaria, de maneira definitiva e sustentável, na vanguarda da solução ambiental dos resíduos sólidos urbanos do planeta, pois essa tecnologia é a mais avançada que existe no mundo. A prefeitura de São Paulo gasta atualmente cerca de R$ 4,5 milhões por ano com a implantação de centrais de triagem de material reciclável e a implantação de centros de capacitação para cooperados de reciclagem de lixo. Utilizando essas cooperativas, todo esse trabalho passaria a ser realizado nas unidades de processamento de biomassa.

Salientamos que, com a implantação dessa tecnologia, além de resolver definitivamente o problema dos aterros sanitários, cujo custo com desapropriações e manutenção é extremamente elevado, estima-se que, processando o lixo da cidade de São Paulo, seja possível gerar 800 MW/h de energia elétrica. Isso seria suficiente para abastecer 23% das necessidades energéticas da cidade em 2010, ano desse estudo.[27]

Na área ambiental, essa tecnologia geraria também hidrogênio para abastecer uma frota de cerca de 2,5 mil ônibus urbanos que circulam diariamente. Produziria ainda uma boa quantidade de negro de fumo, matéria-prima para a produção de artefatos de borracha, entre outros.

O retorno do capital investido, trabalhando com uma Taxa de Investimento e Retorno (TIR) de 24%, seria, em 2010, de três anos e seis meses após a instalação, portanto, comparando com outros investimentos semelhantes, isso se destaca como curtíssimo prazo.

Além de processar todo o lixo urbano, restos de podas de árvores e graxarias em geral (sobra de frigoríficos e açougues), essa tecnologia é capaz de processar lodo de esgoto, casca de arroz, dentre tantos outros elementos hoje dispensados na natureza como fonte de poluição do planeta. Os pneus, outra fonte de degradação ambiental, são processa-

[27] Essa quantidade de energia será suficiente para abastecer cerca de 23% da cidade de São Paulo. O custo de implantação desse projeto em São Paulo em 2010 era de R$ 2,9 bilhões. Isso, para processar 16.000 toneladas de resíduos por dia, com prazo de implantação do projeto em 18 meses. Mesmo os custos sendo bancados pela iniciativa privada, por algum motivo a prefeitura não autorizou sua instalação.

dos e, a partir daí, geram energia elétrica, negro de fumo e reaproveitamento do aço.

Com a utilização dessa tecnologia, é possível reverter a poluição dos aterros sanitários já existentes por meio do processamento de todo material orgânico ali depositado.

Naquela oportunidade (2010), era acirrada a discussão sobre a construção da usina hidrelétrica de Belo Monte, com custo estimado em R$ 30 bilhões, segundo o noticiário. Quando estivesse pronta, geraria inicialmente 4.500 MW/h, o que é importante para garantir o desenvolvimento do país.

Ao que tudo indica, o custo ambiental desse projeto será extremamente elevado. Com essa mesma quantidade de recursos, utilizando-se a tecnologia de ponta explicitada, todo o lixo urbano do país poderia ser processado, gerando mais energia elétrica do que Belo Monte, sem incorrer em dano ambiental, além de reverter os danos já existentes.

Além do projeto citado acima, destacamos outras iniciativas que buscam trabalhar com energia sustentável. O Centro Internacional de Energias Renováveis (CIBiogás) tenta atrair investidores para 10 projetos envolvendo 100 produtores rurais no Sul e no Centro-Oeste do país. Juntos, eles têm capacidade para gerar 100 mil m^3 de biogás por dia, ou 60 mil m^3 de biometano, pois 40% se perdem na purificação.

O projeto foi orçado em R$ 150 milhões. Essa quantidade de gás veicular é suficiente para abastecer 4.285 carros, que poderiam percorrer 200 km por dia, cada um. Ou seja, são propostas complementares às políticas de geração de energia elétrica e um reforço para a energia necessária ao desenvolvimento da indústria automotiva absolutamente dependente do petróleo, o que num futuro não muito distante poderá comprometer de modo significativo a maneira como estamos organizados.

Outro projeto pioneiro, iniciado em 2009, é o Condomínio de Agroenergia para Agricultura Familiar Ajuricaba, que reúne 33 propriedades rurais de Marechal Cândido Rondon (PR), gerando sua própria energia. A criação de porcos e bovinos resulta, conjuntamente, em 16 mil toneladas por ano de resíduo orgânico, permitindo a produção de 266 mil m^3 de biogás, transportado por um gasoduto de 25,5 km até uma central térmica que gera energia elétrica redistribuída para todos. Esse é outro exemplo muito interessante. Um país como o Brasil, com suas pastagens e pecuária bovina tão significativa no nosso perfil econômico, desperdiça uma boa oportunidade para desenvolver formas alternativas de produção de energia. Num país ensolarado como o nosso, poderíamos, por exemplo, instalar um grande parque solar utilizando as grandes superfícies dos lagos, como o de Itumbiara, com extensão de mais de 200 quilômetros. Acreditamos que, com a cobertura de metade desse lago com placas solares, seria possível abastecer o Brasil todo. Isso, claro, traz consigo um problema, qual seja, a obra não tão complexa como Belo Monte, e, portanto, dificulta a cultura da corrupção.

Por fim, citamos o exemplo da usina hidroelétrica de Itaipu, que também é pioneira na produção de veículos elétricos em parceria com algumas montadoras. Hoje, trabalha na montagem de 32 unidades do Renault Twizy e, segundo o responsável pelo projeto, Celso Novaes, já foram identificadas 50% de peças que podem ser nacionalizadas no minicarro.

Obviamente, todas essas iniciativas – inovadoras e pioneiras – precisam contar com o planejamento e desenvolvimento de políticas públicas de curto, médio e longo prazos. É preciso incentivar a pesquisa por novas tecnologias, aliada à promoção dos direitos sociais, especialmente o direito à moradia e ao saneamento básico das populações dos grandes centros urbanos. Sabemos quão elevado é o custo de financiamento de pesquisas, por isso é importante o incentivo a parcerias entre centros de pesquisa de universidades e poder público.

Os governantes devem ter atitudes para vencer desafios e aplicar tecnologias inovadoras combinadas ao desenvolvimento sustentável. Assim haverá melhor qualidade de vida para os habitantes das grandes metrópoles e a redução significativa de gastos com saúde pública, garantias transmitidas às gerações futuras. Portanto, o grande desafio para a eficiência da gestão administrativa municipal é fortalecer os investimentos em pesquisa de novas tecnologias.

21

Das conexões modernas da vida humana e como contribuem para a rápida difusão das informações no mundo

Este capítulo teve a honrosa parceria
do eterno amigo Wander Simões Oliveira

Em 1948, o britânico Eric Arthur Blair, mais conhecido pelo pseudônimo George Orwell, terminou de escrever o clássico *Nineteen Eighty--Four* (em português, *1984*), famoso romance traduzido para mais de 65 idiomas. Ficção, premonição, vidência, déjà vu?

O que Blair, ou Orwell, como queiram, jamais poderia imaginar é que da data da publicação do romance (8 de junho de 1949) até hoje (9 de fevereiro de 2017), data em que mal teclo estas linhas, 67 anos, 8 meses, 1 dia e algumas horas após, o mundo estaria verdadeira e literalmente vivenciando um imenso Big Brother preconizado em suas páginas para o ano de 1984.

Assistindo aos noticiários ainda agora, me dou conta de que, fruto da onda de crimes que varre o Estado do Espírito Santo, provocada pela greve dita chantagista da Polícia Militar daquele Estado, já se contabilizam mais de 112 mortes violentas. Quantas guerras em curso nos dias de hoje produzem em seis dias mortandade semelhante? Até quinta-feira, 9 de fevereiro de 2017, sexto dia de caos na segurança por causa da ausência da Polícia Militar nas ruas, uma onda de crimes, mortes e saques foi desencadeada, e, como reflexo dessa violência, o comércio já acumulou um prejuízo de R$ 180 milhões. Provavelmente esse número não leva em conta as ocorrências de depredações e assaltos.

Por um lado, no mínimo curioso, arrastões e saques começam a ter um desfecho incomum. Pessoas procurando a delegacia de polícia para devolver freezers, ventiladores, uma gama de eletrodomésticos e outros produtos saqueados.

Em que pese esse ato de "devolução" dos produtos, tal feito não repara o dano causado, pois é impossível distinguir os produtos por estabelecimento furtado, e, assim, permanecem em prejuízo aqueles comerciantes que tiveram seus estabelecimentos saqueados por bárbaros, que se disfarçam de cidadãos para praticar aquilo que, na verdade, constitui seu desejo mais oculto!

O que dizer das dezenas, senão centenas de mortos? Um pedido de desculpas não tem o condão de trazê-los à vida!

Uma sociedade que se vale da ausência temporária dos aparelhos de segurança para praticar toda sorte de crimes, não se pode afirmar ser uma sociedade de pessoas de bem; na verdade, conserva seus instintos mais primitivos de violência e desrespeito ao direito do próximo.

Nada justifica, no entanto, a violação da vida nem a depredação de patrimônio público ou privado, isso não lhes traz nenhum direito, ao contrário, trará enorme prejuízo a todos, assim mostrando ao mundo quão incivilizados ainda somos!

> Uma sociedade só será grande quando todos os seus membros respeitarem os códigos, independentemente da vigilância do Estado – que deve ser intrínseca a cada um de seus cidadãos –; não deve ser um policial ou as câmeras de vigilância que lhe possam impor limites; estes devem ser inerentes à personalidade de cada um.

Os valores sociais devem prevalecer em qualquer situação, ou seja, com ou sem polícia, aquilo que não é socialmente aceitável, as atitudes e os atos socialmente reprováveis não devem ser praticados.

Minha inteligência pode admitir que pessoas no meio de um caos, num surto de insanidade coletiva, possam se conectar, tomando atitudes jamais pensadas, e que depois, no seio dos seus lares, sem saber como justificar tais práticas, ou confrontadas com sua fé religiosa, ou beligerando com o travesseiro à noite, ou, ainda, sem saber como explicar o ato aos seus, tenham um lapso de lucidez combinado com arrependimento e promovam a restituição dos produtos frutos do ilícito, como se tem noticiado.

Sem a pretensão de julgar os agentes de tais episódios nem deixar que o ceticismo me domine, mas movido pela razão, obrigo-me a considerar que boa parte dessas "madalenas arrependidas" na verdade viu suas imagens na TV, nas redes sociais, recebeu um curto vídeo por um aplicativo de mensagens, ou ainda teve medo de que alguém as visse e de que em breve fossem identificadas e respondessem criminalmente por isso.

É... Vivemos o propalado Big Brother Orwelliano. E aqui não me refiro ao reality show que mais fez sucesso pelas crônicas do Pedro Bial, cujo nome (Grande Irmão, em português) também decorreu da obra de Orwell, mas me refiro ao que Blair previu. *1984* é uma metáfora sobre o poder e as sociedades modernas. George Orwell o escreveu, animado de um sentido de urgência, para avisar seus contemporâneos e as gerações futuras do perigo que corriam.

O Estado controlava o pensamento dos cidadãos, entre muitos outros meios, pela manipulação da língua. Os especialistas do Ministério da Verdade criaram a Novilíngua, uma língua ainda em construção, que, quando estivesse finalmente completa, impediria a expressão de qualquer opinião contrária ao regime. Uma palavra da Novilíngua era

Teletela, nome dado a um dispositivo por meio do qual o Estado vigiava cada cidadão. A *Teletela* era como um televisor bidirecional, isto é, permitia tanto ver quanto ser visto. Nele, o "papel de parede" (ou seja, quando nenhum programa estava sendo exibido) era a figura inanimada do líder máximo, o Grande Irmão, o Big Brother.

Ironicamente ou não, nossa sociedade é vigiada o tempo todo pelas "cams" e "webcams" dos nossos smartphones, por câmeras de monitoramento, por câmeras acopladas aos nossos computadores, incorporadas nas redes sociais, plantadas nas ruas, nas estradas, nos elevadores, nas lojas, por todos os lados, que propiciam parte das grandes conexões da vida moderna. Ninguém está imune a elas. Com elas, atrevo-me a dizer que até a vida dos criminosos ficou mais difícil. Sobretudo as redes sociais, aplicativos de mensagens e toda uma parafernália tecnológica provocaram mais do que conexões, mas sim o que denomino globalização das relações humanas na vida moderna.

Num passado não muito distante, o *Último Segundo* do portal iG (internet grátis, a primeira) orgulhava-se pelo tempo recorde em que publicava os fatos, os furos jornalísticos. A revolução tecnológica e as novas conexões da vida moderna o superaram. Enquanto na redação dão forma aos fatos, por exemplo, de um vulcão em erupção no Chile, na rede social recebo um "live" (transmissão ao vivo, em tempo real) de imagens da primeira lava a escorrer cratera afora. Enquanto o mundo inteiro procura por lista de mortos decorrentes de um terremoto na Itália, uma amiga com quem nunca me encontrei, mas por afinidade (ambos somos ativistas digitais) nos aproximamos e mantemos estreitos laços de amizade, me tranquiliza ofertando detalhes que nem o *Corriere della Sera* seria capaz de oferecer com tanta velocidade. Um amigo russo, também virtual, com quem converso diariamente, me ensina coisas daquela civilização que os livros teriam dificuldade em fazê-lo com tanta eficácia.

O romance distópico de Orwell tornou-se famoso por seu retrato da difusa fiscalização e controle de determinado governo na vida dos cidadãos, além da crescente invasão sobre os direitos do indivíduo. Desde sua publicação, muitos de seus termos e conceitos, como "Big Brother", "duplipensar" e "Novilíngua" passaram a fazer parte do vernáculo popular. Seria a vida imitando a arte, ou a arte imitando a vida 67 anos mais tarde? Até onde isso é bom ou ruim? Difícil fazer essa análise. O fato é que novas conexões surgem todos os dias, intensificando-se. É um caminho sem volta, trazendo transformações impactantes nas relações humanas da vida moderna, para o bem e para o mal.

Geram oceanos de possibilidades. Ampliam horizontes, encurtam distâncias, ditam um novo comportamento em sociedade, uma nova ordem nas relações, transformam, impactam nossa cultura, modificam nossos costumes...

Onde isso vai parar? A tecnologia oferta infinitos limões diariamente. Ao tempo, senhor de todas as causas, caberá dizer quão doce faremos a limonada.

> As conexões humanas são infindáveis, podemos explorar essa rede de informações em tempo real, tirar delas o que há de melhor, observadas suas complexidades e diversidades. É, portanto, um manancial importante, capaz de resolver diversos enigmas humanos, desde que selecionadas adequadamente, excluídas as coisas não reconhecidas como sérias ou de menor credibilidade.

A rede de vida hoje conectada em todo o planeta é capaz de difundir em tempo real quaisquer informações e/ou acontecimento, o que às vezes falta, talvez, seja essa compreensão de que a rede humana é uma só, ou seja, um enorme tecido social que se espalha por todos os continentes, não importando a qual tribo você pertença. Você está ligado ao todo que é homogêneo e indissolúvel.

Somos a semelhança de nossos ancestrais, guardadas as devidas proporções das pequenas porções de civilizações de um passado distante. A organização social guarda semelhança em todas as ações e elementos sociais.

O que ocorre na África pode atingir todo o planeta. Isso dá a dimensão de nossa dependência mútua em relação aos 7 bilhões de seres humanos que hoje habitam este planeta azul.

Diante disso, torna-se impossível a ocultação de corruptos e de seus patrimônios surrupiados de nações mundo afora, dada a velocidade com que se propagam as informações.

O que nos preocupa, no entanto, é o comportamento da sociedade. Não é necessário ter vigilantes quando se tem caráter; saquear lojas, matar pessoas, saquear cargas de um caminhão acidentado é tão grave como os crimes imputados à nossa classe política. É preciso repensar nosso comportamento, não dá para atirar pedras sem resolvermos nossas mazelas culturais; não dá para levar vantagem em tudo. É preciso, portanto, respeitar o direito alheio, como forma de sobrevivência de toda a sociedade. Caso contrário, teremos a barbárie como forma de comportamento social, o que de fato não interessa a ninguém, eu imagino!

22

Conclusão

Desde 2015, a sociedade brasileira vem manifestando seu descontentamento e aversão aos dois mandatos de Dilma pela condução irresponsável de sua gestão que mergulhou o país na maior recessão de sua história, fato que levou ao seu afastamento. Resultado imediato de um chefe de Estado que tem dificuldade de reconhecer erros, dialogar com a base parlamentar e enfrentar a realidade do rombo das contas públicas, decorrente de objetivos eleitoreiros, e que levou ao desastre atual. Vivemos um momento em que parece que estamos todos de sobreaviso, sem os anseios de mudança que víamos nas ruas há alguns meses. Assistimos, quase atônitos, à revelação do envolvimento diário de figuras públicas em esquemas de corrupção, cenário desastroso em que quase ninguém se salva. O comportamento vergonhoso de total desrespeito às instituições públicas e a tentativa desesperada de se manter no jogo do poder a qualquer custo levaram nossos representantes a praticar o cinismo, a desfaçatez do Mensalão e o escárnio do Petrolão.

Dentre as características do atual momento histórico por que passamos, é preciso destacar algumas delas: i) Retração do poder aquisitivo das famílias e aumento exponencial do desemprego, registrando em abril 14,2 milhões de pessoas, segundo dados do IBGE,[28] o que gera

[28] Fonte: <www.ibge.gov.br>.

não apenas insegurança econômica, mas afeta diretamente a vida psíquica e social das pessoas; ii) Corrupção instalada em todos os setores do governo; iii) O despertar no sistema político das piores gangrenas (aparelhamento do Estado, oligarquias, corporativismo, clientelismo e corrupção).

A Operação Lava Jato investiga todos os envolvidos no imenso esquema de desvio de recursos para financiamento de campanhas eleitorais e enriquecimento ilícito de políticos e figuras do empresariado brasileiro, o que, de certa forma, aponta para a força das instituições brasileiras, especialmente MP, PF e Judiciário. Tudo isso é fruto de um projeto político criminoso que precisa ser extirpado do cenário político nacional.

Diante desse cenário de descrédito na vida política brasileira, a questão relevante para os próximos governos é promover o crescimento e o desenvolvimento econômico, gerando receitas e restaurando o equilíbrio das contas públicas, devastadas nos últimos 13 anos, mas também garantindo que avanços sociais não sejam perdidos. Algumas medidas, se tomadas, pavimentam o caminho de um futuro fortalecimento da sociedade brasileira e a renovação da esperança.

É preciso despertar a confiança do empresariado e dos investidores, reestruturando a economia e promovendo as reformas política, tributária, previdenciária e trabalhista, respeitando-se, claro, o direito adquirido. É preciso também implantar diretrizes de educação de qualidade para obter mudanças na formação e consciência políticas dos cidadãos e cidadãs brasileiros ainda em formação, garantindo o respeito às diferenças regionais e ao debate político na educação pública, sem o qual teremos pessoas tecnicamente qualificadas, mas com poucas possibilidades de visão crítica em relação aos acontecimentos históricos e atuais.

Há de se promover um esforço conjunto entre sociedade e Estado, a primeira de forma pacífica e organizada a reivindicar o respeito a *res publica*, exigindo que direitos sejam respeitados e que o Estado promova, de forma transparente e democrática, as mudanças tão necessárias para que estabeleçamos nosso marco civilizatório sobre bases distintas dessas relações corruptas tão arraigadas em nossa cultura e que parecem ser uma forma de gestão da vida pública no Brasil entremeada em todas as estruturas e relações sociais.

No pleito municipal de 2016 houve uma forte aversão ao PT, para 2018 esperamos que todos os envolvidos de todos os partidos sejam alijados da vida pública deste país por meio de nossa mais poderosa arma, o voto!

Que a justiça seja feita, que os envolvidos sejam processados e julgados, devolvendo ao erário tudo aquilo que dele foi subtraído de forma criminosa – acobertados pela escuridão moral de suas insanas consciências. A conta será pesada aos partidos políticos, seus dirigentes e todos os beneficiários de dinheiro ilegal. Eleitos ou não, devem ser responsabilizados com seus patrimônios pessoais para ressarcir os cofres públicos por eles saqueados!

As empreiteiras que se beneficiaram desse esquema devem ser penalizadas nas esferas competentes, bem como pela exigência da devolução do quanto foi amealhado com o esquema, além de multas e juros!

Que o Brasil encontre um novo modelo político, cujo desfecho de questões como as que ora enfrentamos não mais dependam de demorados processos, que em seu curso trazem mais incertezas e prejuízos para uma sempre combalida situação econômica, normal em todos os países que sofrem com crises de confiança dos mercados.

A crise atual do Brasil foi provocada pelos políticos brasileiros, reunidos em uma grande organização criminosa que envolveu: o Poder Executivo em diversos níveis, o Poder Legislativo, estatais, fundos de pensão, partidos políticos e os grandes empresários brasileiros!

O povo brasileiro é mais forte que a corrupção. Ele não se curvará aos malfeitores. Sua soberania será restabelecida pela dignidade da Justiça e a manifestação inequívoca de sua vontade nas ruas e nas urnas de cada cidade deste imenso e lindo país!

Aqueles que saqueiam os cofres públicos desta nação hão de sofrer o revés de seus atos, seja pela aplicação da justiça, seja, também, pelo banimento democrático das urnas.

Que Deus tenha piedade de nós!

Tabela 5 – Municípios, total e com estrutura na área de planejamento urbano, por caracterização do órgão gestor, segundo as Grandes Regiões e as classes de tamanho da população dos municípios – 2015

Grandes Regiões e classes de tamanho da população dos municípios	Municípios							
	Total	Com estrutura na área de planejamento urbano, por caracterização do órgão gestor						Não possui estrutura específica
		Total	Secretaria municipal exclusiva	Secretaria municipal em conjunto com outras políticas	Setor subordinado a outra secretaria	Setor subordinado diretamente a chefia do executivo	Órgão da admin. indireta	
Brasil	**5 570**	**4 191**	**1 153**	**1 628**	**912**	**480**	**18**	**1 378**
Até 5 000	1 237	764	139	293	167	163	2	473
De 5 001 a 10 000	1 214	820	182	314	178	146	-	394
De 10 001 a 20 000	1 377	1 049	266	404	276	103	-	327
De 20 001 a 50 000	1 087	929	302	371	199	55	2	158
De 50 001 a 100 000	353	331	123	137	60	9	2	22
De 100 001 a 500 000	261	257	120	97	29	3	8	4
Mais de 500 000	41	41	21	12	3	1	4	-
Norte	**450**	**343**	**113**	**137**	**51**	**40**	**2**	**107**
Até 5 000	78	52	9	28	5	9	1	26
De 5 001 a 10 000	79	51	11	22	6	12	-	28
De 10 001 a 20 000	110	87	32	34	14	7	-	23
De 20 001 a 50 000	113	92	36	33	14	9	-	21
De 50 001 a 100 000	44	37	14	13	7	3	-	7
De 100 001 a 500 000	22	20	9	5	5	-	1	2
Mais de 500 000	4	4	2	2	-	-	-	-
Nordeste	**1794**	**1 357**	**365**	**542**	**348**	**100**	**2**	**437**
Até 5 000	230	137	34	58	16	29	-	93
De 5 001 a 10 000	355	241	63	101	55	22	-	114
De 10 001 a 20 000	574	431	103	156	143	29	-	143
De 20 001 a 50 000	451	373	105	149	101	17	1	78
De 50 001 a 100 000	122	113	37	46	27	2	1	9
De 100 001 a 500 000	51	51	18	28	5	-	-	-
Mais de 500 000	11	11	5	4	1	1	-	-
Sudeste	**1668**	**1 187**	**327**	**407**	**251**	**199**	**3**	**481**

Grandes Regiões e classes de tamanho da população dos municípios	Municípios							
	Total	Com estrutura na área de planejamento urbano, por caracterização do órgão gestor						Não possui estrutura específica
		Total	Secretaria municipal exclusiva	Secretaria municipal em conjunto com outras políticas	Setor subordinado a outra secretaria	Setor subordinado diretamente a chefia do executivo	Órgão da admin. indireta	
Até 5 000	372	196	26	52	47	71	-	176
De 5 001 a 10 000	391	243	48	66	60	69	-	148
De 10 001 a 20 000	363	250	57	94	58	41	-	113
De 20 001 a 50 000	288	248	76	100	55	17	-	40
De 50 001 a 100 000	111	107	43	47	16	1	-	4
De 100 001 a 500 000	126	126	68	43	13	-	2	-
Mais de 500 000	17	17	9	5	2	-	1	-
Sul	**1191**	**946**	**261**	**392**	**181**	**101**	**11**	**244**
Até 5 000	420	288	51	122	74	40	1	132
De 5 001 a 10 000	278	205	46	87	41	31	-	73
De 10 001 a 20 000	227	196	54	78	43	21	-	30
De 20 001 a 50 000	160	152	64	66	15	6	18	8
De 50 001 a 100 000	54	53	24	23	4	1	11	1
De 100 001 a 500 000	48	48	21	16	4	2	5-	-
Mais de 500 000	4	4	1	-	-	-	3	-
Centro-Oeste	**467**	**358**	**87**	**150**	**81**	**40**	**-**	**109**
Até 5 000	137	91	19	33	25	14	-	46
De 5 001 a 10 000	111	80	14	38	16	12	-	31
De 10 001 a 20 000	103	85	20	42	18	5	-	18
De 20 001 a 50 000	75	64	21	23	14	6	-	11
De 50 001 a 100 000	22	21	5	8	6	2	-	1
De 100 001 a 500 000	14	12	4	5	2	1	-	2
Mais de 500 000	5	5	4	1	-	-	-	-

Fonte: IBGE, Diretoria de Pesquisas, Coordenação de População e Indicadores Sociais, Pesquisa de Informações Básicas Municipais 2015.

Tabela 6 – Municípios, total e com estrutura na área de planejamento urbano, por caracterização do órgão gestor, segundo as Grandes Regiões e as Unidades da Federação – 2015

Grandes Regiões e Unidades da Federação	Municípios							
	Total	Com estrutura na área de planejamento urbano, por caracterização do órgão gestor						Não possui estrutura específica
		Total	Secretaria municipal exclusiva	Secretaria municipal em conjunto com outras políticas	Setor subordinado a outra secretaria	Setor subordinado diretamente a chefia do executivo	Órgão da admin. indireta	
Brasil	**5 570**	**4 191**	**1 153**	**1 628**	**912**	**480**	**18**	**1 378**
Norte	**450**	**343**	**113**	**137**	**51**	**40**	**2**	**107**
Rondônia	52	46	19	17	4	6	-	6
Acre	22	17	2	12	3	-	-	5
Amazonas	62	48	28	9	9	2	-	14
Roraima	15	15	1	10	4	-	-	-
Pará	144	110	40	34	23	13	-	34
Amapá	16	15	1	12	1	1	-	1
Tocantins	139	92	22	43	7	18	2	47
Nordeste	**1 794**	**1 357**	**365**	**542**	**348**	**100**	**2**	**437**
Maranhão	217	146	57	43	26	20	-	71
Piauí	224	168	55	72	5	36	-	56
Ceará	184	169	51	104	11	2	1	15
Rio Grande do Norte	167	109	35	64	7	3	-	58
Paraíba	223	143	37	73	29	4	-	80
Pernambuco	185	158	48	69	31	9	1	27
Alagoas	102	84	28	37	14	5	-	18
Sergipe	75	56	25	18	9	4	-	19
Bahia	417	324	29	62	216	17	-	93
Sudeste	**1 668**	**1 187**	**327**	**407**	**251**	**199**	**3**	**481**
Minas Gerais	853	583	143	218	97	124	1	270
Espírito Santo	78	66	23	36	3	4	-	12
Rio de Janeiro	92	76	32	31	11	1	1	16
São Paulo	645	462	129	122	140	70	1	183
Sul	**1 191**	**946**	**261**	**392**	**181**	**101**	**11**	**244**

Grandes Regiões e Unidades da Federação	Municípios							
	Total	Com estrutura na área de planejamento urbano, por caracterização do órgão gestor						Não possui estrutura específica
		Total	Secretaria municipal exclusiva	Secretaria municipal em conjunto com outras políticas	Setor subordinado a outra secretaria	Setor subordinado diretamente a chefia do executivo	Órgão da admin. indireta	
Paraná	399	329	119	102	46	59	3	69
Santa Catarina	295	254	53	119	64	13	5	41
Rio Grande do Sul	497	363	89	171	71	29	3	134
Centro-Oeste	**467**	**358**	**87**	**150**	**81**	**40**	**-**	**109**
Mato Grosso do Sul	79	71	12	40	13	6	-	8
Mato Grosso	141	94	26	31	26	11	-	47
Goiás	246	192	48	79	42	23	-	54
Distrito Federal	1	1	1	-	-	-	-	-

Fonte: IBGE, Diretoria de Pesquisas, Coordenação de População e Indicadores Sociais, Pesquisa de Informações Básicas Municipais 2015.

Nº de Vereadores	Habitantes no Município
09	até 15 mil
11	15 mil até 30 mil
13	mais de 30 mil até 50 mil
15	mais de 50 mil até 80 mil
17	mais de 80 mil até 120 mil
19	mais de 120 mil até 160 mil
21	mais de 160 mil até 300 mil
23	mais de 300 mil até 450 mil
25	mais de 450 mil até 600 mil
27	mais de 600 mil até 750 mil
29	mais de 750 mil até 900 mil
31	mais de 900 mil até 1,050 milhão
33	mais de 1,050 milhão até 1,2 milhão
35	mais de 1,2 milhão até 1,350 milhão
37	mais de 1,350 milhão até 1,5 milhão
39	mais de 1,5 milhão até 1,8 milhão
41	mais de 1,8 milhão até 2,4 milhões
43	mais de 2,4 milhões até 3 milhões
45	mais de 3 milhões até 4 milhões
47	mais de 4 milhões até 5 milhões
49	mais de 5 milhões até 6 milhões
51	mais de 6 milhões até 7 milhões
53	mais de 7 milhões até 8 milhões
55	mais de 8 milhões

Tabela 1 - Número de municípios, população residente, por situação do domicílio, taxa de crescimento e razão de dependência, segundo as Unidades da Federação e classes de tamanho da população dos municípios - Brasil - 2015

Unidades da Federação e classes de tamanho da população dos municípios (habitantes)	Número de municípios	População residente			Taxa de crescimento 1991/2000	Razão de dependência
		Total	Urbana	Rural		
Brasil	**5 570**	**169 799 170**	**137 953 959**	**31 845 211**	**1,6**	**54,9**
Até 5 000	1 387	4 617 749	2 308 128	2 309 621	0,1	59,3
De 5 001 até 10 000	1 311	9 346 280	5 080 633	4 265 647	0,4	62,8
De 10 001 até 20 000	1 385	19 654 828	11 103 602	8 551 226	1,1	64,4
De 20 001 até 50 000	963	28 831 791	19 132 661	9 699 130	1,5	63,1
De 50 001 até 100 000	299	20 786 695	16 898 508	3 888 187	2,1	57,2
De 100 001 até 500 000	194	39 754 874	37 572 942	2 181 932	2,4	51,3
Mais de 500 000	31	46 806 953	45 857 485	949 468	1,6	47,1
Rondônia	**52**	**1 379 787**	**884 523**	**495 264**	**2,2**	**60,7**
Até 5 000	5	17 609	5 332	12 277	(-) 0,7	63,4
De 5 001 até 10 000	10	70 276	20 539	49 737	2,5	63,1
De 10 001 até 20 000	20	264 350	100 672	163 678	3,4	64,5
De 20 001 até 50 000	11	330 822	206 564	124 258	2,0	61,1
De 50 001 até 100 000	4	255 269	186 694	68 575	2,0	58,6
De 100 001 até 500 000	2	441 461	364 722	76 739	2,0	59,1
Mais de 500 000	-	-	-	-	-	-
Acre	**22**	**557 526**	**370 267**	**187 259**	**3,3**	**74,0**
Até 5 000	3	10 190	3 532	6 658	3,3	109,8
De 5 001 até 10 000	7	47 214	14 994	32 220	2,8	94,0
De 10 001 até 20 000	7	97 443	45 131	52 312	2,8	76,9
De 20 001 até 50 000	3	82 179	41 341	40 838	2,6	89,7
De 50 001 até 100 000	1	67 441	38 971	28 470	3,9	80,2
De 100 001 até 500 000	1	253 059	226 298	26 761	3,7	63,0
Mais de 500 000	-	-	-	-	-	-
Amazonas	**62**	**2 812 557**	**2 107 222**	**705 335**	**3,3**	**72,8**
Até 5 000	-	-	-	-	-	-
De 5 001 até 10 000	9	69 569	35 623	33 946	1,5	95,4
De 10 001 até 20 000	25	353 033	144 015	209 018	2,8	92,4
De 20 001 até 50 000	22	616 617	291 362	325 255	2,7	93,6
De 50 001 até 100 000	5	367 503	239 454	128 049	3,6	86,4

Unidades da Federação e classes de tamanho da população dos municípios (habitantes)	Número de municípios	População residente			Taxa de crescimento 1991/2000	Razão de dependência
		Total	Urbana	Rural		
De 100 001 até 500 000	-	-	-	-	-	-
Mais de 500 000	1	1 405 835	1 396 768	9 067	3,8	57,4
Roraima	**15**	**324 397**	**247 016**	**77 381**	**4,6**	**69,8**
Até 5 000	1	4 781	3 228	1 553	7,3	78,1
De 5 001 até 10 000	9	58 215	19 045	39 170	0,4	87,9
De 10 001 até 20 000	4	60 833	27 645	33 188	5,9	76,9
De 20 001 até 50 000	-	-	-	-	-	-
De 50 001 até 100 000	-	-	-	-	-	-
De 100 001 até 500 000	1	200 568	197 098	3 470	5,7	63,0
Mais de 500 000	-	-	-	-	-	-
Pará	**143**	**6 192 307**	**4 120 693**	**2 071 614**	**2,5**	**69,3**
Até 5 000	3	11 611	4 922	6 689	(-) 4,1	71,2
De 5 001 até 10 000	15	114 314	49 885	64 429	1,9	79,3
De 10 001 até 20 000	42	643 489	256 157	387 332	2,0	81,0
De 20 001 até 50 000	60	1 870 776	901 177	969 599	2,9	79,2
De 50 001 até 100 000	17	1 193 728	730 809	462 919	2,6	76,6
De 100 001 até 500 000	5	1 077 775	905 389	172 386	3,1	63,9
Mais de 500 000	1	1 280 614	1 272 354	8 260	1,9	49,8
Amapá	**6**	**6**	**6**	**6**	**6**	**6**
Até 5 000	6	19 324	8 670	10 654	7,4	90,0
De 5 001 até 10 000	4	29 532	21 556	7 976	3,8	91,9
De 10 001 até 20 000	3	35 914	21 188	14 726	5,8	86,0
De 20 001 até 50 000	1	28 515	26 792	1 723	6,2	75,5
De 50 001 até 100 000	1	80 439	75 849	4 590	5,1	77,0
De 100 001 até 500 000	1	283 308	270 628	12 680	6,0	66,8
Mais de 500 000	-	-	-	-	-	-
Tocantins	**139**	**1 157 098**	**859 961**	**297 137**	**2,6**	**65,9**
Até 5 000	80	232 669	132 981	99 688	1,1	72,6
De 5 001 até 10 000	37	261 359	157 909	103 450	1,0	72,2
De 10 001 até 20 000	12	147 867	95 585	52 282	1,2	71,6
De 20 001 até 50 000	7	199 671	169 947	29 724	2,0	64,3
De 50 001 até 100 000	1	65 034	63 486	1 548	2,0	55,5
De 100 001 até 500 000	2	250 498	240 053	10 445	9,2	55,5
Mais de 500 000	-	-	-	-	-	-
Maranhão	**217**	**5 651 475**	**3 364 070**	**2 287 405**	**1,5**	**72,9**

Unidades da Federação e classes de tamanho da população dos municípios (habitantes)	Número de municípios	População residente			Taxa de crescimento 1991/2000	Razão de dependência
		Total	Urbana	Rural		
Até 5 000	9	39 999	16 270	23 729	0,8	82,2
De 5 001 até 10 000	50	365 780	154 032	211 748	0,0	83,0
De 10 001 até 20 000	83	1 162 727	498 778	663 949	1,1	81,5
De 20 001 até 50 000	58	1 726 077	870 381	855 696	1,5	80,3
De 50 001 até 100 000	11	768 320	449 463	318 857	2,4	72,7
De 100 001 até 500 000	5	718 544	537 562	180 982	1,3	66,4
Mais de 500 000	1	870 028	837 584	32 444	2,5	52,1
Piauí	**222**	**2 843 278**	**1 788 590**	**1 054 688**	**1,1**	**64,7**
Até 5 000	94	356 191	119 261	236 930	0,3	70,6
De 5 001 até 10 000	74	495 044	202 849	292 195	0,9	71,8
De 10 001 até 20 000	33	462 348	249 254	213 094	0,8	69,1
De 20 001 até 50 000	16	498 334	272 000	226 334	0,9	71,3
De 50 001 até 100 000	3	183 719	142 768	40 951	0,9	59,7
De 100 001 até 500 000	1	132 282	124 988	7 294	1,4	62,4
Mais de 500 000	1	715 360	677 470	37 890	2,0	52,7
Ceará	**184**	**7 430 661**	**5 315 318**	**2 115 343**	**1,7**	**65,9**
Até 5 000	1	4 866	2 316	2 550	(-) 1,5	84,3
De 5 001 até 10 000	30	228 815	102 746	126 069	0,7	73,1
De 10 001 até 20 000	67	998 680	457 569	541 111	1,3	76,9
De 20 001 até 50 000	62	1 986 632	1 035 545	951 087	1,4	74,0
De 50 001 até 100 000	18	1 168 000	749 830	418 170	1,6	69,5
De 100 001 até 500 000	5	902 266	825 910	76 356	2,7	65,3
Mais de 500 000	1	2 141 402	2 141 402	-	2,2	52,6
Rio Grande do Norte	**167**	**2 776 782**	**2 036 673**	**740 109**	**1,6**	**61,3**
Até 5 000	55	186 817	101 493	85 324	0,9	69,4
De 5 001 até 10 000	55	395 705	225 623	170 082	0,6	69,4
De 10 001 até 20 000	36	479 402	285 396	194 006	1,1	68,2
De 20 001 até 50 000	14	420 266	276 322	143 944	1,2	66,5
De 50 001 até 100 000	4	243 744	127 302	116 442	2,7	63,6
De 100 001 até 500 000	2	338 531	308 220	30 311	3,2	54,5
Mais de 500 000	1	712 317	712 317	-	1,8	51,0
Paraíba	**223**	**3 443 825**	**2 447 212**	**996 613**	**0,8**	**63,1**
Até 5 000	76	249 867	106 935	142 932	(-) 0,2	69,6
De 5 001 até 10 000	67	469 718	225 513	244 205	0,1	72,2
De 10 001 até 20 000	53	754 228	404 716	349 512	0,4	71,4

Unidades da Federação e classes de tamanho da população dos municípios (habitantes)	Número de municípios	População residente			Taxa de crescimento 1991/2000	Razão de dependência
		Total	Urbana	Rural		
De 20 001 até 50 000	19	552 749	366 537	186 212	0,7	66,1
De 50 001 até 100 000	5	348 154	307 618	40 536	1,0	58,2
De 100 001 até 500 000	2	471 175	437 959	33 216	1,4	57,2
Mais de 500 000	1	597 934	597 934	-	2,1	49,8
Pernambuco	**185**	**7 918 344**	**6 058 249**	**1 860 095**	**1,2**	**59,4**
Até 5 000	3	10 287	7 412	2 875	1,1	61,7
De 5 001 até 10 000	19	150 847	60 721	90 126	0,6	73,2
De 10 001 até 20 000	71	1 005 244	481 284	523 960	0,7	71,5
De 20 001 até 50 000	61	1 773 655	999 752	773 903	0,8	69,7
De 50 001 até 100 000	21	1 354 502	1 045 259	309 243	1,1	61,3
De 100 001 até 500 000	8	1 619 348	1 472 442	146 906	1,9	52,8
Mais de 500 000	2	2 004 461	1 991 379	13 082	1,3	49,0
Alagoas	**102**	**2 822 621**	**1 919 739**	**902 882**	**1,3**	**66,8**
Até 5 000	6	24 890	11 886	13 004	(-) 0,5	76,3
De 5 001 até 10 000	23	156 807	82 204	74 603	0,1	76,1
De 10 001 até 20 000	36	519 710	241 773	277 937	0,8	77,2
De 20 001 até 50 000	31	890 806	457 427	433 379	0,9	74,4
De 50 001 até 100 000	4	246 183	178 291	67 892	0,8	66,6
De 100 001 até 500 000	1	186 466	152 354	34 112	1,4	62,8
Mais de 500 000	1	797 759	795 804	1 955	2,7	52,7
Sergipe	**75**	**1 784 475**	**1 273 226**	**511 249**	**2,0**	**62,6**
Até 5 000	11	33 509	17 443	16 066	1,4	69,6
De 5 001 até 10 000	20	141 017	78 315	62 702	1,3	70,9
De 10 001 até 20 000	26	389 577	184 067	205 510	1,9	71,5
De 20 001 até 50 000	12	343 363	190 619	152 744	1,5	70,4
De 50 001 até 100 000	4	283 796	209 969	73 827	2,0	63,6
De 100 001 até 500 000	2	593 213	592 813	400	2,6	50,9
Mais de 500 000	-	-	-	-	-	-
Bahia	**417**	**13 070 250**	**8 772 348**	**4 297 902**	**1,1**	**›60,5**
Até 5 000	8	32 254	14 099	18 155	(-) 2,4	66,6
De 5 001 até 10 000	62	490 214	229 152	261 062	(-) 0,9	68,8
De 10 001 até 20 000	185	2 679 636	1 122 333	1 557 303	0,5	69,5
De 20 001 até 50 000	124	3 564 906	1 894 565	1 670 341	0,8	68,7
De 50 001 até 100 000	26	1 750 176	1 221 939	528 237	1,3	61,3

Unidades da Federação e classes de tamanho da população dos municípios (habitantes)	Número de municípios	População residente			Taxa de crescimento 1991/2000	Razão de dependência
		Total	Urbana	Rural		
De 100 001 até 500 000	11	2 109 957	1 848 158	261 799	1,9	55,3
Mais de 500 000	1	2 443 107	2 442 102	1 005	1,8	44,3
Minas Gerais	**853**	**17 891 494**	**14 671 828**	**3 219 666**	**1,4**	**52,8**
Até 5 000	249	881 733	480 397	401 336	0,2	59,1
De 5 001 até 10 000	265	1 847 166	1 062 826	784 340	0,4	60,3
De 10 001 até 20 000	173	2 431 105	1 574 195	856 910	0,8	58,8
De 20 001 até 50 000	106	3 073 572	2 343 349	730 223	1,3	56,8
De 50 001 até 100 000	37	2 625 445	2 342 396	283 049	1,6	52,0
De 100 001 até 500 000	20	3 754 716	3 607 827	146 889	2,7	49,6
Mais de 500 000	3	3 277 757	3 260 838	16 919	1,6	44,3
Espírito Santo	**78**	**3 097 232**	**2 463 049**	**634 183**	**2,0**	**52,0**
Até 5 000	1	4 817	1 612	3 205	1,9	64,9
De 5 001 até 10 000	14	113 923	50 847	63 076	0,8	55,4
De 10 001 até 20 000	32	444 516	228 508	216 008	1,3	55,7
De 20 001 até 50 000	20	562 359	319 933	242 426	1,1	56,2
De 50 001 até 100 000	4	296 949	255 648	41 301	2,8	54,4
De 100 001 até 500 000	7	1 674 668	1 606 501	68 167	2,4	49,1
Mais de 500 000	-	-	-	-	-	-
Rio de Janeiro	**92**	**14 391 282**	**13 821 466**	**569 816**	**1,3**	**48,3**
Até 5 000	1	4 886	3 925	961	(-) 2,4	49,4
De 5 001 até 10 000	9	72 710	51 104	21 606	1,5	52,0
De 10 001 até 20 000	24	359 883	265 347	94 536	1,7	52,0
De 20 001 até 50 000	25	776 108	576 093	200 015	2,0	52,2
De 50 001 até 100 000	11	819 276	741 297	77 979	2,6	51,6
De 100 001 até 500 000	18	4 079 421	3 907 831	171 590	1,5	49,0
Mais de 500 000	4	8 278 998	8 275 869	3 129	1,1	47,2
São Paulo	**645**	**37 032 403**	**34 592 851**	**2 439 552**	**1,8**	**48,0**
Até 5 000	180	581 547	413 171	168 376	0,7	52,9
De 5 001 até 10 000	115	817 656	635 639	182 017	1,3	53,0
De 10 001 até 20 000	116	1 624 618	1 284 121	340 497	1,6	52,8
De 20 001 até 50 000	118	3 659 903	3 213 854	446 049	2,0	51,3
De 50 001 até 100 000	54	3 826 838	3 504 205	322 633	2,5	49,9
De 100 001 até 500 000	54	10 996 139	10 697 470	298 669	2,5	48,4
Mais de 500 000	8	15 525 702	14 844 391	681 311	1,2	45,6

Unidades da Federação e classes de tamanho da população dos municípios (habitantes)	Número de municípios	População residente			Taxa de crescimento 1991/2000	Razão de dependência
		Total	Urbana	Rural		
Paraná	**399**	**9 563 458**	**7 786 084**	**1 777 374**	**1,4**	**52,4**
Até 5 000	95	344 415	191 120	153 295	(-) 1,2	56,6
De 5 001 até 10 000	121	869 084	484 266	384 818	(-) 0,8	57,3
De 10 001 até 20 000	102	1 452 272	884 995	567 277	0,2	57,9
De 20 001 até 50 000	51	1 550 999	1 155 660	395 339	1,0	54,7
De 50 001 até 100 000	18	1 365 170	1 190 157	175 013	2,7	52,6
De 100 001 até 500 000	11	2 394 203	2 292 571	101 632	2,7	51,1
Mais de 500 000	1	1 587 315	1 587 315	-	2,1	44,1
Santa Catarina	**293**	**5 356 360**	**4 217 931**	**1 138 429**	**1,9**	**50,5**
Até 5 000	106	334 758	109 495	225 263	(-) 0,6	55,6
De 5 001 até 10 000	76	541 436	257 940	283 496	0,5	55,3
De 10 001 até 20 000	61	837 174	551 094	286 080	1,2	54,2
De 20 001 até 50 000	31	1 014 125	851 033	163 092	2,4	52,4
De 50 001 até 100 000	9	587 787	510 632	77 155	2,4	48,1
De 100 001 até 500 000	10	2 041 080	1 937 737	103 343	2,6	46,9
Mais de 500 000	-	-	-	-	-	-
Rio Grande do Sul	**497**	**10 187 798**	**8 317 984**	**1 869 814**	**1,2**	**49,8**
Até 5 000	228	696 433	234 814	461 619	(-) 0,2	51,8
De 5 001 até 10 000	108	752 119	352 407	399 712	0,0	53,1
De 10 001 até 20 000	68	964 751	648 471	316 280	0,9	51,1
De 20 001 até 50 000	52	1 517 770	1 225 319	292 451	1,5	51,1
De 50 001 até 100 000	24	1 656 926	1 452 005	204 921	1,4	49,8
De 100 001 até 500 000	16	3 239 209	3 084 229	154 980	1,9	49,4
Mais de 500 000	1	1 360 590	1 320 739	39 851	0,9	45,8
Mato Grosso do Sul	**77**	**2 078 001**	**1 747 106**	**330 895**	**1,7**	**55,4**
Até 5 000	8	33 481	18 513	14 968	(-) 1,1	59,6
De 5 001 até 10 000	20	146 935	86 251	60 684	0,9	61,8
De 10 001 até 20 000	28	394 532	278 040	116 492	1,3	58,5
De 20 001 até 50 000	16	438 807	344 264	94 543	1,4	57,6
De 50 001 até 100 000	3	235 676	214 196	21 480	1,4	59,3
De 100 001 até 500 000	1	164 949	149 928	15 021	2,2	53,8
Mais de 500 000	1	663 621	655 914	7 707	2,6	49,9
Mato Grosso	**139**	**2 504 353**	**1 987 726**	**516 627**	**2,4**	**54,9**
Até 5 000	45	146 769	73 967	72 802	0,4	58,7
De 5 001 até 10 000	34	250 852	149 805	101 047	2,1	59,4

Unidades da Federação e classes de tamanho da população dos municípios (habitantes)	Número de municípios	População residente			Taxa de crescimento 1991/2000	Razão de dependência
		Total	Urbana	Rural		
De 10 001 até 20 000	39	554 917	358 226	196 691	2,8	58,3
De 20 001 até 50 000	14	435 616	343 668	91 948	2,1	56,3
De 50 001 até 100 000	4	267 328	232 387	34 941	3,9	54,6
De 100 001 até 500 000	3	848 871	829 673	19 198	2,4	50,3
Mais de 500 000	-	-	-	-	-	-
Goiás	**246**	**5 003 228**	**4 396 645**	**606 583**	**2,5**	**49,0**
Até 5 000	108	354 046	225 334	128 712	0,5	53,3
De 5 001 até 10 000	55	389 973	268 842	121 131	0,3	55,0
De 10 001 até 20 000	38	536 579	415 042	121 537	1,3	52,6
De 20 001 até 50 000	29	917 164	759 157	158 007	1,3	52,8
De 50 001 até 100 000	10	729 292	687 883	41 409	4,3	55,8
De 100 001 até 500 000	5	983 167	954 581	28 586	6,0	54,3
Mais de 500 000	1	1 093 007	1 085 806	7 201	1,9	43,3
Distrito Federal	**1**	**2 051 146**	**1 961 499**	**89 647**	**2,8**	**46,5**
Até 5 000	-	-	-	-	-	-
De 5 001 até 10 000	-	-	-	-	-	-
De 10 001 até 20 000	-	-	-	-	-	-
De 20 001 até 50 000	-	-	-	-	-	-
De 50 001 até 100 000	-	-	-	-	-	-
De 100 001 até 500 000	-	-	-	-	-	-
Mais de 500 000	1	2 051 146	1 961 499	89 647	2,8	46,5

Fonte: Censo demográfico 1991: resultados do universo: microdados. Rio de Janeiro: IBGE, 2002. 7 CD-ROM; IBGE, Censo Demográfico 2000.

FONTE: Adobe Caslon Pro
IMPRESSÃO: Lis

#Novo Século nas redes sociais

novo século®
www.gruponovoseculo.com.br